毒性關係斷捨離

權威教你辨識自戀型人格，
貝，遠離情緒勒索，
害循環，重拾內在安定

IT'S NOT YOU

Identifying and Healing from Narcissistic People

Ramani Durvasula PhD
拉瑪妮·杜瓦蘇拉——著
林步昇——譯

CONTENTS

出版人的話

親愛的讀者：

多年前，這段魯米（Rumi）的文字，深深烙印在我的心上：

在對與錯之外，有一片原野，我將在那裡與你相會。

自此之後，我便在心中描繪出自己所謂「寬闊原野」（Open Field）的景象，這個地方超越了恐懼與羞愧，也超越了批判、孤獨與期待，這個地方讓萬物重新聚首。我靈魂的希望，就是找到通往那裡的道路；每當我聽到能指引我前行的見解或實踐方式，我都迫不及待地與其他人分享。

這就是為何我創辦了「寬原」。我希望出版的書籍能彰顯人生中的真理：我們都在追尋相同的事物。我們都在追尋尊嚴、追尋喜悅、追尋愛與接納，也渴望被看見、感到安心。而這些事物並不需要競爭得來，因為它們不是物質財富，而是心靈的禮物！

只要我們分享見聞，分享那些讓我們成長、激勵我們前行的經驗，我們就能送給彼此這份禮物。這是我們對彼此的責任，幫助彼此走向接納、走向和平、走向幸福。我承諾，這個品牌出版的每一本書，都是通往「寬原」的地圖，由熟悉路線並願意分享的引路人所撰寫。

每本書都會帶來深刻的洞見、啟發和指引，幫助我們超越恐懼、批判和我們所戴的面具。當我們摘下面具就會發現：我們眼前所見與腦中想像完全相反，原來我們緊密相連。

我們都在前往「寬原」的路上，我們都在彼此扶持。我會在那裡與你相會。

愛你的

瑪麗亞・施瑞弗（Maria Shriver）

獻給我的母親賽・庫瑪麗・杜瓦蘇拉（Sai Kumari Durvasula），以及尚未展開的故事。

紀念我的曾祖母古努普迪・文卡瑪（Gunupudi Venkamma），以及之前世世代代的祖母們。

獻給所有經歷過情感傷害關係的受害者。

在淚水中，找到隱藏的笑聲；

誠摯的人啊，在廢墟中尋覓著寶藏。

—— 魯米（Rumi）

在每一次背叛中，都有美好的時刻；一枚硬幣，正反兩面，必有一面是救贖。

—— 芭芭拉・金索沃（Barbara Kingsolver）

自序

你的需求和夢想值得被看見

很久以前，一個八歲的小女孩坐在新英格蘭一所小學悶熱的餐廳地板上，欣賞來自紐約市一群馬戲團表演者在學校演出。當時是一九七〇年代，還沒有什麼多元文化的意識。這個有著異國名字、皮膚黝黑、頭髮綁了兩條緊緊辮子的小女孩，早已學會當個隱形人。馬戲團從一群孩子中挑選了志願者：一個男孩扮演大象，一個女孩當雜耍助手，最幸運的男孩則擔任馬戲團團長。

終於，馬戲團的人拿出了一件服裝，是深紫色的綢緞，鑲滿流蘇和亮片。在場的女孩都驚呼不已，就連那個辮子女孩也不例外，但每個女孩都舉起了手，就只有她沒有。「選我，拜託選我！」她們紛紛大喊著。辮子女孩心想：「她們怎麼那麼勇敢？為什麼她們不會害怕呢？」馬戲團的團長無視舉手的女孩，反而指定要辮子女孩。她顫抖著低下頭，眼淚在眼眶裡打轉，輕聲地說：「不用了，先生，謝謝。」他看著她，溫柔地問：「妳確定嗎？」她默默地點了點頭。坐在她旁邊的女孩立刻抓住了這個機會，得意地穿上了那件服裝。他問辮子女孩想扮演什麼角色，她說自己願意扮成馬的一部分，這樣就可以躲起來。多年來，她經常想起那件美麗的紫色亮片禮服，想像自己穿上後會是什麼感覺。可惜那天她因為害怕被同學們嘲笑、害怕被人看見，於是選擇了退縮。

從出生至今，她就內化了一件事：她的願望、夢想和需求不值得被看見，自己本身也不夠好。她那善良又富同情心的母親，夢想曾經受挫、遭到壓抑，讓小女孩也覺得自己沒有權利擁有夢想。

後來，她終於發現自己有這個權利。

雖然我至今仍沒有那件夢幻的紫色亮片禮服，但我明白，我們可以從自戀者編造的故事中走出來，不讓那些人決定我們是誰、讓我們噤聲、折斷我們的翅膀、批評我們好高騖遠、讓我們倍感羞恥，甚至暫時奪走了我們的喜悅。我們可以擁有自己的愛情、成功和幸福，但也理解仍會要面對靈魂的暗夜，自我懷疑的陰影也會常伴左右。我們可以把這份力量傳遞下去，讓大家知道發生過的事真實不虛，而他們本身就夠好了。我自己做到了，每天也都看到愈來愈多的人也做到了。我們可以開始打破世代之間貶低、否定和心理自我傷害的循環。這些故事必須要說出來。

我至今仍不知道自己是否有勇氣接下那件閃亮的禮服，但我願意相信那個有雙棕色大眼、名字拗口的辮子女孩，當時穿上後絕對會閃耀全場。

而這個小女孩想對你們說……我知道你們也做得到。

引言

那些受傷的人後來怎麼了？

保持中立只會幫助壓迫者，無法幫助受害者；沉默只會縱容施暴者，無法鼓舞受暴者。

—— 諾貝爾和平獎得主 埃利・維瑟爾（Elie Wiesel）

他們是怎麼走到這一步的？

卡蘿琳娜有兩個孩子，卻在二十年的婚姻裡多次遭先生背叛，出軌對象甚至包括朋友和鄰居。她先生卻一再否認，對她的「胡亂指控」大發雷霆，最後竟然還反過來責怪她，說是她害他覺得自己不受重視，才會發生外遇。為了讓先生有「安全感」，她都刻意不多提自己的事業。令她倍感痛苦的是，自己還會懷念自認美滿的婚姻生活，覺得自己不夠好，常常懷疑自己是否誤解他或誤判情勢，但每當先生批評她、辜負她的信任，她的心就又碎一次。卡蘿琳娜不懂，為何情況會變成這樣？她的父母結婚四十五年，恩愛直到父親過世。她始終都很相信家庭非常重要，所以眼看著離婚在即，讓她深深覺得自己很失敗。她經常恐慌發作、焦慮的喘不過氣，偶爾還會思考是否要重修舊好。

娜塔莉亞結婚五十年了。她罹患癌症時，先生卻嫌她要求太多，覺得她在「無理取鬧」，說這樣「打亂了生活步調」，因為現在他理應要覺得太太可憐，又須大幅變動自己的忙碌行程去接她進行化療。多年化療下來導致神經病變，娜塔莉亞逐漸不良於行，有個晚上天寒地凍，她希望先生載她到餐廳門口下車，就被諷刺是「皇后娘娘」。然而，兩人的子女都成家立業了，全家人常常會一起旅遊，也經常相聚，大夥開開心心，讓她不忍心打破這個平衡。她也承認自己平時仍然喜歡先生的陪伴，兩人的性生活還算不錯，也有共同的回憶。但即使她擁有醫學和法律雙學位，先生依然把她當成貼身助理看待。長期下來，她飽受健康問題、自責和罪惡感的困擾，幾乎不再與家人以外的朋友往來。

拉斐爾從小就被父親拿來跟哥哥比較，總是遭嫌不夠好。他拼命工作，只想有一天賺夠了錢，父親就會注意到他。父親卻覺得他個性太軟弱，常常帶著些許幸災樂禍的語氣，跟他說哥哥又有哪些成就（拉斐爾早就和哥哥疏遠了）。他母親生前也受盡父親的情感傷害，承受龐大的心理壓力，拉斐爾認為這正是她早逝的原因。拉斐爾知道祖父以前也是這樣對待父親，這種家族文化根深柢固。他也理解父親和祖父畢生面對的種族歧視和各種限制。然而，拉斐爾總是難以成功維繫親密關係，只能不斷告訴自己：「只要讓爸爸看到我的成就，我就可以準備展開自己的人生了。」拉斐爾日以繼夜地工作，依賴藥物和安眠藥才能勉強入睡，鮮少在外社交應酬，明明渴望與人接觸，卻認為花時間度假或跟朋友出去玩「太放縱」，因為還有許多工作有待完成。

自戀型關係往往是問題的根源

以上是假想我在諮商室的一天。多年來，聽了這麼多故事後，我逐漸明白幾乎所有像拉斐爾的案主，父母往往會一直貶低孩子，而像卡羅琳娜和娜塔莉亞這樣的案主，伴侶則會不斷地責怪對方。

不過，面對拉斐爾、卡羅琳娜和娜塔莉亞，我不能一開始就直接說他們身邊的人可能永遠不會改變，而是要教會他們認清什麼是可以接受的行為、什麼是不可以接受的行為，以及健康關係應該要有的樣貌，同時也營造安全的空間讓他們探索自己的感受、關係，以及真實的自己。我們必須幫助這些案主釐清混亂的情緒，探討為何他們明明沒有做錯事，卻會自責或萌生罪惡感。身為心理師，我大可以樂得輕鬆，只專注於治療他們的焦慮、健康問題、憂鬱、迷茫、不滿、挫敗感、無力感、社交孤立，以及工作上的強迫症，而忽略他們所處的情境。這就是我們在學校所受的教導：關注當事人不良的行為，而不是周遭發生的事。

但我發現一些不尋常的現象。一週又一週過去，案主的焦慮和悲傷會隨著他們在關係中的慣性和行為而波動。漸漸地，我發覺這些關係才是根源，而讓他們來接受諮商的焦慮則是表象。許許多多案主的故事相似，但他們本身卻是完全不同的人，各自有著不同的背景。唯一不變的是，他們都認為自己要為當下的處境負責，不斷懷疑自己、反覆糾結、感到羞愧、內心孤立、充滿困惑又無助。他們在這些關係中愈來愈自我壓抑，逐漸變得麻木、怕事，只為了避免遭到關係中難相處的一方批評、輕視或怒罵。他們設法想要改變自己，希望藉此改變對方和這段關係。

另外一個明顯的共通點是這些關係中的行為模式。不管對方是配偶、伴侶、父母、其他家人、成年子女、朋友、同事，或是上司，我的案主都不約而同地提到，自己只是表達需求或做自己，就遭到貶抑或羞辱。他們的經歷、感受，甚至對現實的認知經常遭到質疑，而身邊的人往往把自身不良行為歸咎於我的案主，使其覺得迷惘、孤立無援。

然而，這些案主也不否認，並不是時時刻刻都這麼糟，偶爾也會有歡笑、美好的性生活、愉快的經驗、共進晚餐、共同的興趣和回憶，甚至對彼此的愛。實際上，當一切看似到了難以走下去的地步，都會有一、兩天過得還不錯，這些短暫的美好時刻就足以重新撒下自我懷疑的種子。我給予案主的協助，正是我在自己諮商過程的收穫：認可（validation）與知識（education）。假如我只關注他們的焦慮，而不教他們看見這些關係中的行為模式，就好像只靠著幫車胎打氣，便能修理引擎問題，而「引擎問題」幾乎都可以追溯到同一個源頭：自戀型關係（narcissistic relationships）。

俗話說：「除非由獅子說出被狩獵的經驗，否則狩獵的故事永遠只會歌頌獵人。」掌握敘事的人就掌控了權力。以往我們都只是說「獵人的故事」。探討自戀型人格的書籍大多談的是自戀者。我們深深好奇著這些充滿魅力的人，好像可以肆無忌憚地做出許多傷人的事，卻又不必承擔嚴重後果，迫切想知道為何他們看起來如此成功，為何會展現這些行為。雖然我們可能不喜歡自戀型人格，但我們崇拜具有這類特質的人，他們可能是領導者、英雄、藝人和明星，卻也可能是我們的父母、伴侶、朋友、兄弟姊妹、子女、老闆和鄰居。

本書是寫給在自戀型關係中受傷的人

但獅子的故事呢？那些被獵人追逐或傷害的人呢？

針對自戀型人格的討論往往忽略了故事中更重要的部分：那些受過傷害的人後來怎麼了？自戀型人格和行為對身邊的人造成什麼影響？一般人受傷時，往往執著於想要釐清「為什麼」，好像找出原因就能減輕痛苦（其實並不會）。我們像是著魔般，好奇地想明白「獵人」的心路歷程，想知道為何他們會有這些行為。為何會有人毫無同理心、玩弄感情、謊言連篇、莫名暴怒？但我們專注於自戀者的起心動念時，往往忽略了跟他們建立關係的人，像是他們的情人、共組家庭的伴侶、孩子、親屬、員工、同事、前夫或前妻、室友、朋友，甚至父母，這些人後來都怎麼了？

簡單來說，這些人過得並不好。

這樣的對話會讓人很不舒服，因為你並不想去詆毀自己深愛、景仰、尊重和關心的人。與其承認敬愛之人的僵化且傷人的行為模式，許多人寧可把關係中的困難歸咎於自己的責任，或是單純地視為人生的高低起伏。身為心理師，我幫助過數百位遭到自戀者傷害的倖存者、主持一個由數千名倖存者參與的輔導計畫，還寫過幾本書，製作了討論這個主題幾千小時的內容。說真的，我至今都還在思考：到底值不值得花這麼多時間去討論「自戀型人格」？因為真正的重點是，他們的行為對你造成了什麼樣的傷害。

如果一個人的人格特質不太可能改變，我們能把人格和行為分開來看嗎？傷人的行為是故意或疏忽，這重要嗎？假如不了解什麼是自戀型人格，你有辦法自我療癒嗎？最重要的是，你能從這些關係造成的傷害走出來嗎？本書就是要探討這些複雜的問題。

常常有人問我：「你怎麼知道伴侶／父母／老闆／朋友有自戀型人格？」這是個很合理的問題。其實在進行諮商時，我通常沒有見過案主生活中這些親友，但我會詳細了解他們的生命經驗，常常閱讀到那些人傳來的電子郵件和簡訊，看到這些事對我的案主造成的影響。

我都用「對立型關係壓力」（antagonistic relational stress）這個詞來形容這類關係的倖存者所經歷的壓力，之所以用「對立型行為」形容帶來心理傷害之人展現的行為，是因為這個詞的定義比「自戀型人格」更廣泛，較不會將人貼上污名化的標籤。我在教授其他專業人士認識這些行為模式時，也都會使用這個詞，因為它涵蓋了我們在自戀者身上觀察到的各種對立型行為和手段，像是控制欲、尋求關注、剝削、敵意、傲慢，同時也包括其他對立型人格，例如心理病態（psychopathy），這些對立型行為引發了獨特的壓力。不過「自戀型人格」這個詞已廣為人知了，「自戀型傷害」也逐漸普遍，因此本書中我也會使用「對立型」這個詞，好完整描述這些行為模式。

通常投入這份工作並非偶然，對我來說，這也攸關了個人經驗。無論在家庭關係、親密關係、職場關係和友誼中，我都遇過自戀者帶來的否定、憤怒、背叛、輕視、操縱和扭曲認知（gaslighting）。我聽著案主傾訴自身遭遇的痛苦，都感同身受般難受，而當我自己去進行諮商，也在傾訴著類似的痛苦。慢慢地，我發現這也是我的生命故事。

自戀型傷害改變了我的事業和人生。我經歷過情感操控，分不清什麼是現實，以為都是自己的錯，覺得我的期待太不切實際，也不值得受到重視、獲得聆聽或注意。這些想法影響我很深，而不敢穿上紫色洋裝的恐懼，長大後變成覺得自己不值得得到成功、愛或幸福。這並不是某個特定時刻或某段關係所造成，在我的生命中，許多關係都出現過自戀型傷害，形式各異，因此我以為一定是我的問題，不可能這麼多情況都是別人的錯。

在就讀研究所期間，我從來沒學過自戀型傷害這個主題，也不曾把這類行為當一回事，直到後來才終於明白，這類費解且暴力的行為是真實存在。我花了數年來悼念過去，但已浪費太多年在糾結和懊悔。我甚至因為將所愛親友當作自戀者而有罪惡感，覺得辜負了他們。我慢慢學會立下界限，完全接納現實，知道這些行為不會改變，不再嘗試改變生活中這些充滿負面能量的人，漸漸遠離他們，以免受其行為影響。我失去了自己非常重視的人，也因為打破忠於家庭的古老文化規範、未滿足「必須設法與有稜有角的人和睦相處」的社會期望而受到批評。我現在才明白，一旦跟這些「有稜有角」的人相處久了，自己遲早會遍體鱗傷。

大約二十多年前，我在指導研究助理時，得知某些門診病患展現為所欲為、失控、輕蔑且傲慢的行為，造成護士、醫師等醫護人員極大困擾。這項觀察促使我展開了一項研究計畫探討人格特質，尤其是自戀與對立型人格，及其對健康的影響。

同時，我也有幸傾聽過成千上萬人如何忍受這些關係的故事。遺憾的是，我反覆聽到這樣的說法：伴侶、家人、朋友、同事，甚至是心理師，往往責怪那些遭受傷害的人是過於敏感、太過焦慮、不夠努力、不夠寬容、溝通得不夠清楚，或責怪他們自己選擇留下、逕自離開，或者「自戀型人格」這個詞太重。我讀過心理師培訓計畫的說明，那些課程會對認為自己家庭或人際關係有毒的案主提出質疑，甚至將那些來討論操控關係的人當作只是在抱怨。市面上的書籍和文章清一色都在探討自戀型人格，以及如何治療自戀者，但幾乎未有書籍著墨這些自戀者身邊的人會遭遇到什麼狀況，或如何為他們提供心理輔導，儘管所有心理健康專業人士都知道這些關係並不健康。我放下了內心的怒氣之後，將注意力轉移到教育上，這不僅是為了案主和自戀型傷害的倖存者，也是為了臨床專業人士著想。

我諮商過的案主中，有人的離婚拖了好幾年才收場；有人在公司內部提出騷擾和傷害的申訴，卻不被高層採信，反而眼見罪魁禍首調職到不同單位；有人立下界限後，遭家人斷絕關係；有人因此見不到孫兒；有人目睹自戀型兄弟姐妹，利用金錢來剝削年邁的父母；有人撐過了遭到否定的童年，但是成年後同樣得不到肯定；有人的自戀型朋友因為未能稱心如意，就在網路上發動抹黑攻擊；有人的自戀型父母在臨終前，還在設法操弄他們。

在我過去服務過的部分機構中，扭曲認知是慣性的溝通模式。我看著負能量滿滿的人在體制默許下恣意妄為，導致真正優秀的人受苦。我自己到現在還會刻意避開洛杉磯部分路段和社區，只因為我承受不了回憶帶來的傷痛。我曾遭到威脅，被迫離開工作崗位；我也看過有家庭寧願保護某個家人的名聲，也不願意安慰受苦的人。我花了好長一段時間，才重新開始去信任新朋友。

無論你留下或離開，他們都不會改變

關於自戀型人格，你只需要知道一件事：在你進入自戀者的生活之前，他們就已經有自戀型人格了；在你離開之後，這個人格模式還是會繼續下去。這些關係會改變你，但你也會從中獲得成長、新的視野和更好的人際判斷能力。認清這些關係，進而走出來，也許會是一個很好的提醒，讓你去挖掘真實的自我，好好整理一下，再以此走向世界。

傳統心理諮商的目標是，教導案主了解自己在關係中的角色和責任，學會用不同的方式看待人生的困境，但這種方法未考量到的是，一般人遇到自戀者時，局勢完全掌握在對方手中。除非你在自欺欺人，否則真的很難改變對自戀者的認知，畢竟對方正在操縱你的情感、否定你是獨立存在的個體。與其繼續努力以不同的角度看待自戀者，不如開始學習哪些行為不可接受且有毒吧！

我希望本書能讓人正視一個簡單的道理：自戀行為模式難以改變，你也絕對不必替這些行為負責。我要告訴你簡單卻深刻的真相：那不是你的錯。

我聽過來自世界各地的人說，僅僅是得知自戀型人格這個框架，以及了解這些關係對他們的影響，就讓他們多年來首次覺得自己很正常。這並不是要撻伐自戀者，而是要辨識不健康的關係和行為模式；允許自己可以與之切割；了解一段關係可以有好有壞，了解自戀型人格不等於要離開這些複雜關係，或斷開與這些人的連結，而是可以用不同方式與其互動；了解被看見、擁有自我認同、需求、渴望和抱負都是基本人權；意識到不必改變對自己的想法，而是要開始以不同角度，看待這些你敬愛卻又傷害你的人；最後要能清楚地告訴自己，你絕對無法改變其他人的行為。這就像是把房間裡的燈都打開，讓你不再遭到矇蔽和誤導。

本書是獻給曾經處於自戀型關係的倖存者，不會探討自戀的運作機制，而是要協助你進行療癒。當然，我會簡單說明自戀的概念，建立共同的認知基礎，但其餘都是為了你們而寫，這就像講述遭到獵捕的獅子的故事一樣，會探討自戀者行為對你造成的影響，以及你能抱持著恩典、智慧、溫柔和力量，開始釋懷、復原和療癒。這是我心腦並用所寫成的一本書。

通常當你走出自戀型關係或切斷連結時，你會以為自己抵達終點了。實際上，真正的療癒是從這裡開始，這才是你人生故事的起點，走出遭到否定的陰影，讓自己成為真實的自己。

PART 1

認識自戀型關係

第 1 章

什麼是自戀型人格？

破解迷思，避免掉進自戀者的陷阱

容易沉醉於無邊自由之夢的人格，一旦美夢幻滅，也最容易陷入厭世與狂怒。

—— 強納森・法蘭岑（Jonathan Franzen）

卡洛斯是個鄰居有困難就會幫忙的好心人。他細心照顧著生病的母親，也參與他跟前女友所生兒子的生活。他也說自己就是個「長不大的孩子」，愛玩具也愛足球。所有他身邊的人，包括現在長期交往的女友，都說他很有同理心，也很關心大家過得如何。雖然他有時會忘記別人的生日，但會記得你求職面試的日子，還會傳訊息祝你順利錄取。有個週末，他跟一群朋友參加音樂節，酒喝了太多，於是親了另一個女生。他事後覺得既愧疚又難過，回家就跟女友坦白了，因為他不想騙她。結果他女友就在社群媒體上發了一大堆貼文，直指卡洛斯根本有「自戀型人格」。

喬安娜和亞當結婚五年了。亞當工作認真，但事業一直不太有起色，喬安娜都會鼓勵他去追求真正想做的事，自己當起家中主要的經濟支柱。一開始，喬安娜受到亞當的自律、忠誠和工作態度所吸引，但亞當卻常常輕視她的工作。有次流產後喬安娜很傷心，亞當還說她「灑狗血」。每次她請亞當幫忙做家事，他就會發脾氣；但當她找清潔工來幫忙，卻又被罵亂花錢。她想跟家人朋友聚一聚時，他也常常不以為然，說她的朋友是「寄生蟲」，還說她家人是「一潭無聊的死水」，這些話都讓她十分傷心。他鮮少願意付出自己的時間，不過倒記得生日和結婚紀念日，還會大肆慶祝一番，就算他付不起也要辦。喬安娜覺得很內疚，因為亞當的夢想都沒實現，所以覺得即使偶爾沒同理心，也是因為人生不如意。她心想只要等事情好轉了，亞當應該就會溫柔起來。而且，他不願意把洗碗機裡的碗盤歸位又怎樣？他每年都用心準備喬安娜的生日，儘管女方寧願他多洗洗碗、對她的朋友好一點。

你覺得誰比較像自戀者？粗心大意的卡洛斯，還是怒氣沖沖的亞當？

「自戀型人格」（Narcissism）是這個時代的當紅用詞，但一般人的理解其實很有問題。如果自戀者只是愛照鏡子、自我中心又做作的人，那倒還簡單。但他們遠比這個複雜許多。他們可能是會貶低你，偶爾又跟你玩得很開心的伴侶；在同事面前罵你，但你很欣賞其工作能力的主管；嫉妒你的成功、但你小時候踢足球賽都有出席的父母；永遠把自己當受害者、常常顧著說自己的事卻完全不關心你的朋友，但你們從十三歲就認識了。即是舉了這些例子，還是無法完全描述自戀型人格本身的複雜。你可能也跟自戀者建立過一段或多段關係，而且連你自己可能都沒有察覺。

但你要怎麼分辨什麼是自戀型人格、什麼不是自戀型人格？了解這點真的重要嗎？本章會探討為何大家對自戀型人格常有誤解，也會破解許多關於自戀型人格的迷思。你也會發現，釐清自戀型人格定義的過程中，可能讓你自己的情況變得更混亂。

不斷傷人的行為模式

自戀型人格是指人際來往上的不良人格類型，有不同的特質和行為模式，從輕微到嚴重，從自我封閉到惡意傷人都有可能。自戀者跟愛慕虛榮或自我中心的人最大的差別，在於他們往往同時具備許多這類特質。光是膚淺並不代表一個人就有自戀型人格，重點是要看這些特質背後的目的，也就是保護自戀者自己。自戀其實反映出內心深層的不安全感和脆弱，而為了加以彌補，自戀者會用支配、操弄，以及扭曲認知等手段來維持掌控感。他們的同理心時有時無、又缺乏自我覺察，所以不會去思考個人行為對別人造成多大的傷害。問題不在於這些特質本身，而是特質何以轉變成不斷傷人的行為模式。

正因為人格特質很難改變，特別是像自戀型人格這種根深柢固又缺乏自覺的類型，所以他們的行為模式通常也不會改變。自戀型人格的程度就像長長的光譜般有輕有重，我們各自遇到的情況可能截然不同。許多人卡在自戀型人格光譜的正中央，就是偶爾讓你受不了、偶爾又讓你看到希望的情況。我們接下來就會著重這種「中度自戀」。

我們來看看自戀者的部分特質：

自戀餵養的需求

自戀者非常需要得到別人的認同和敬佩，這個需求往往是他們行為的主要動機。他們刻意追求地位、讚美、過度的肯定和關注，方法可能會是炫富、外表打扮、奉承諂媚的朋友們，或社群媒體的按讚和追蹤。這些來自別人或外界的認同，無論什麼形式，都叫作「自戀餵養」（narcissistic supply）。一旦得不到他們覺得應該要有的認同或供給時，他們的心情就會變得陰暗，容易暴躁、怨恨、悶悶不樂，覺得自己受到委屈。如果身邊的人無法餵養他們的自戀型人格，就得面對他們的怒火。

自我中心

自戀者的自我中心不只是自私而已，他們還會貶低別人。舉例來說，自私的人會選自己想去的餐廳，但自戀者不只會選自己想去的餐廳，還會說「我一定要自己決定，因為你對美食根本一竅不通」。簡單來說，在任何關係中，自戀者的需求永遠都是第一順位。

規律的不穩定

自戀型人格其實有「規律」可循，但自戀型人格的表現一再變化，反而讓人覺得很不穩定。當自戀者情緒調節良好、覺得有掌控感，且有足夠的自戀餵養，例如工作順利、獲得稱讚、有了新戀情或剛買了新車，他們可能比較不會找麻煩，態度也會比較好。但遺憾的是，這些餵養很快就會讓他們覺得膩，所以他們需要更多、更新、更好的東西。我記得曾諮商過一個自戀者，明明下午還在說：「今天超棒，我剛談成一筆大生意，我真是超強的，什麼事情都能搞定。」結果到了晚上，他留言說他很生氣，覺得人生不公平。我後來才知道，他的心情之所以大變，只是因為他的約會對象把晚餐改期了。

簡直翻臉比翻書還快。

坐立難安

自戀型人格有種靜不下來的特質，不斷在追求新鮮刺激的事物，這就是為何我們會看到他們劈腿、時常換伴侶、過度消費、瘋狂購物或忙個不停。如果事情很無趣、不夠吸引人，他們就會露出滿臉無聊、意興闌珊或不屑一切的表情。

誇大妄想

自戀型人格的主要特徵就是誇大不實，他們會過分誇大自己在世界上的重要性，對於理想愛情、現在或未來的成就有不切實際的想像，總是覺得自己比別人優越，認為自己獨特又與眾不同。誇大也代表他們覺得自己比別人強。這種想法就稱作「妄想」，因為大多數自戀者的信念根本缺乏證據支持，但即使這會讓別人不舒服或受傷，他們還是堅持己見。

多重面具

讓人不解的是，自戀者的表現時而迷人、有趣、富有魅力，或至少看起來正常且情緒平穩，但時而又會變得苛刻、悶悶不樂、大發雷霆。事情順他們的意時，自我評價就很高；事情不如意時，他們就怪罪世界，把自己當成受害者。所以，你永遠猜不到會遇到哪個版本的自戀者：是那個浮誇且爽朗的版本，還是那個萬念俱灰，覺得自己是受害者且滿腔怒火的版本。這樣的相處方式真的很折騰人。

特權心態

特權心態（Entitlement）是自戀型人格的核心模式，也最令人頭痛。有些理論認為，這可能是自戀型人格最根本的特色，其他所有特質都跟這個有關。[①]自戀者認為自己很特別，應該得到特殊待遇，只有其他同樣特別的人才能真正理解他們，一般規則不該套用在他們身上。如果真的要自戀者遵守規則或要他們負責，他們就會非常生氣、反抗到底，因為他們認為「規則是給普通人遵守的」！要是他們也得遵守規則，就表示他們沒那麼特別。他們覺得自己想做什麼、說什麼都理所當然。這種自認為有特權的心態，讓他們打造出能彰顯自己特別的世界；一旦別人不把他們當成 VIP 看待，他們就會亂發脾氣。

每個人大概都有類似的經驗，曾被自戀者的特權心態搞得很不自在。有位女士跟我分享，每次她先生在餐廳沒有得到他想要的服務時，就會對服務生大吼大叫，讓她覺得丟臉到不行。她說自己很習慣在這種場合低下頭，這樣就不用跟被她先生罵過的人對到眼。更慘的是，因為她沒有阻止先生，她覺得自己也是共犯，但如果加以勸阻，她就得忍受他好幾天的壞脾氣或冷暴力。

缺乏安全感的過度補償

這就帶我們看到自戀型人格最根本的問題：缺乏安全感。自戀型人格跟自尊高低其實沒有關係，重點是對自己的評價不準確、誇大，而且反覆無常。自戀者內心深處總是潛藏著自我不足感，因為他們沒辦法反省自己說話語氣或行為對別人的影響。這不禁會讓人覺得很矛盾：一個看起來這麼有自信的人，怎麼可能這麼脆弱？這些自戀型人格的表現，像是誇大不實、自認為有特權、言行傲慢、展現魅力，都是一套用來保護自己的心理盔甲，就像是替脆弱的內心穿上成人版的超級英雄披風。

臉皮薄

自戀者很會挑別人毛病，但自己完全受不了批評。就算給他們最溫和的建議或回饋，你都要有心理準備他們會立刻發飆，反應大得離譜。更讓人摸不著頭緒的是，他們常常會用更嚴厲的批評來反擊你。但矛盾的是，他們又經常需要別人安撫：雖然他們不會開口要求，但從他們傲慢的外表底下，明顯看得出來他們需要別人安慰，告訴他們一切都會沒事的。

但要安撫自戀者是件很棘手的事，因為如果你的安慰太明顯，他們反而會因為你戳到他們軟弱的一面而對你發飆。

我曾接觸一位非常在意外表的女性案主。她在準備自己的生日派對時，把家裡布置得一絲不苟，但完全不考慮別人的時間和財務狀況。她的家人因為工作、要照顧孩子、生病或其他生活瑣事而忙不過來時，她就特別在意，抱怨說沒有人疼惜她。她兒子設法安慰她說：「媽，別擔心，我們一定會準時參加生日派對，還會買妳最愛的蛋糕、冰淇淋，準備許多禮物，吃一頓豐盛的晚餐。生日派對絕對會超讚的！」她卻破口大罵：「不要把我當成六歲小孩喔，你這樣說好像我是個瘋子耶。」自戀者這種對回饋很敏感的反應，既需要安慰又常覺得自己是受害者的心態，再加上他們因為這些脆弱而惱羞成怒的樣子，在在提醒我們身處自戀型關係就代表：你永遠都贏不了。

無法調節情緒

自戀者無法管理自己的情緒。他們不知道該怎麼表達情緒，因為那樣會讓他們覺得太丟臉、太脆弱，所以他們也就無法控制情緒。自戀者並不會想「好，我要用耍帥來掩飾自己缺乏安全感」，也不會摩拳擦掌地想「我要怎麼傷害你才好呀？」他們發飆是因為那些情緒沒處理好，所以就算是很輕微的批評或危機，都可能讓他們因為自己的脆弱或不完美被看穿而羞恥不已。這些自尊心受創的感覺會引發他們的憤怒和推卸責任，這樣他們就能降低壓力、維持自己華而不實的假象，並且感到安全。正因為缺乏同理心又衝動，他們根本不會停下來思考自己發飆是否會傷害你，而是會選擇敷衍道歉；如果你想要他們負責，他們反而會覺得很煩。

需要主導權

自戀者要的是主導權、地位、控制、權力，以及與眾不同，他們對於連結、親密關係或跟人有多親近興趣缺缺。因此，他們在任何關係中一定要占上風。如果你想要的是深度的情感連結或親密關係，那等於你們兩個人的腳步截然不同。對自戀者來說，關係存在的主要目的就是為了他們的好處和快樂。他們不在乎健康的人際關係所需要的付出與收穫，也不在意別人的需求。

缺乏同理心

若要說自戀者完全沒有同理心也不太準確。他們有同理心，但空洞又反覆無常。自戀者有「認知型同理心」（cognitive empathy），他們也許知道什麼是同理心，也懂為什麼別人會有某種感受，而且會用此來達成他們的目的。一旦目的達成，或他們嫌麻煩，這份同理心就消失了。自戀者的同理心還可能帶著表演性質，為了給別人好的觀感或要贏得某人青睞；或也可能是交易性質，為了從別人身上得到所需的東西才表現出同理心。這有時真的很討人厭，因為你知道他們其實曉得同理心很重要，但他們只是當成一種手段。

自戀者覺得安全，又得到足夠的自戀餵養，就比較容易展現「同理心」。舉例來說，他今天過得很順利，回家聽到你在工作上遇到困難，他們可能會安慰你說，一切都會沒事的。過了一週，你可能會想：「上次跟他聊這個，他都會支持我，今天再來討論看看好了。」但這次如果對方那天心情不好，你得到的回應可能就變成：「你要抱怨工作抱怨到什麼時候？我受夠了喔。」

輕蔑他人

自戀者需要別人，但他們又討厭自己需要別人。需要別人就表示別人有影響力，而他們無法接受自己要依賴任何人，這可能造成了自戀者常常展現的輕蔑態度；他們輕蔑別人的感受、脆弱和需求。別人的脆弱無意間變成了一面鏡子，映照出自戀者內心缺乏安全感，所以他們不懂得接納別人，而是輕蔑讓他們想起自己軟弱的人事物。這種輕蔑有時會直接表現出來，但更常包裝成以退為進的嘲諷和挖苦。

投射羞恥感

投射也是常見的自戀型人格慣性。這是一種防衛機制，即無意識地維護自尊心，把自己無法接受的部分投射到別人身上。舉例來說，說謊的人指控別人說謊，心理上就能把自己的不良行為甩給別人，繼續把自己視為誠實的人。自戀者會把自己性格和行為中羞恥的部分投射到別人身上，這樣才能維持他們對自己的完美想像，避免羞恥產生的不自在。這可能會讓人摸不著頭緒，因為自戀者也許會指控你做了他們自己在做的壞事（像是你們一起來到咖啡廳，對方卻莫名說你在跟咖啡師打情罵俏，但其實是他們自己在外面劈腿）。

超有魅力

如果自戀者自認為有特權、容易發飆、控制欲強又愛否定別人，為何我們一開始沒看出來，然後躲得遠遠的呢？因為自戀者很有一套。他們迷人有魅力、有自信、引發別人好奇心，而且通常很會打理自己且聰明。雖然你可能覺得傲慢不是什麼好事，但一般人常常會覺得傲慢和自信背後，一定有真本事撐腰。如果你認為一個人很聰明或很成功，可能就會願意原諒許多不當行為。自戀型人格和成功往往被混為一談，自戀型人格明明是有毒且不健康的慣性，反而被看成是霸氣和野心。自戀者很會偽裝，就像變色龍一樣。他們有融入環境的超強能力，可以先接近你後再開始要壞。

自戀型人格的光譜

我們多半都把自戀型人格想成一翻兩瞪眼的事：是自戀型人格，或不是自戀型人格。我們會認真地覺得如果只有這兩種可能，那就一定有辦法清楚分辨自戀者，然後避開這種人。但在心理學或心理健康的領域裡，沒有這麼簡單的事。

自戀型人格其實是一個光譜：在較輕微的一端是指單純在社群媒體上表現膚淺的自戀者，他們的情緒發展停在青春期，雖然很煩人但不一定會造成傷害；在嚴重的另一端則通常很冷酷、剝削、殘忍、報復心重、支配慾強，甚至會出現肢體、性、心理或言語暴力，這些都可能造成恐懼和創傷。而本書要討論的是我們大部分人所遇到的中度自戀者。

馬克斯和梅莉莎結婚二十五年了。梅莉莎個性善良，但總是貶低自己、愛討好別人，為了幫助別人常常累得半死。他們有兩個孩子，在外人眼中，馬克斯工作認真，是社區不可或缺的一份子；但在家裡，他是想要什麼就要什麼的大爺，全家人的生活都得配合他的時間。梅莉莎有份忙碌且收入不錯的工作，但他還是希望她不管手邊在忙什麼，都要立刻去滿足他的需求，完全不顧這是否會讓她在工作上很為難。不過，馬克斯對生活現狀十分滿意時，就會鼓勵全家一起去爬山、露營、到餐館吃飯。就在梅莉莎受不了成天配合馬克斯，差點要去找律師時，他突然提議兩人可以一起去海邊度假，重新培養感情。她開始責怪自己誤會了整個情況，沒有發覺自己其實很幸運。但一回到家，馬克斯就故態復萌。

中度自戀不像膚淺的輕度自戀那樣不成熟、像棉花糖一樣虛無飄渺，也不像惡意且暴力的重度自戀那樣讓人害怕。中度自戀者會給你足夠的好日子，讓你願意繼續投入，但也帶來足夠的壞日子讓你受傷，最後你便完全摸不著頭緒。中度自戀者具備認知型同理心，所以有時看起來好像「懂」。他們自視甚高，需要別人肯定，散發自大的傲慢，卻又不至於讓人感到威脅。他們十分虛偽，認為一般人遵守的規則不適用於自己。當事情不如他們的意，就覺得自己是受害者。他們不為自己的行為負責，只要是會讓他們丟臉的事，就會把責任推給別人。他們非常自私，做事只考慮對自己有利，即使會傷害你或別人也沒關係。

中度自戀者剛好有足夠的洞察力知道自己的行為不對，但沒有足夠的自制力、專注力或同理心讓自己停下來。因為他們察覺到自己的行為不恰當，所以不會在大家面前做這些事，結果你可能就要忍受其行為。因此，他們通常在家是惡魔，在外是天使。他們也許在會議上當著同事的面稱讚你，但在辦公室關起門來就把你罵得狗血淋頭。這種人前人後的雙面行為就是中度自戀者最顯著的特徵。別人在公開場合看到的是個相對穩重且有魅力的人，卻跟你私底下認識的他有天壤之別。

自戀型人格的表現方式

自戀型人格分成好幾種類型，核心特質都一樣，但表現方式和對我們的影響不盡相同。由於許多探討自戀型人格的內容都著重於誇大型自戀者，如果你遇到的自戀者跟一般提到的行為不太一樣，可能會覺得很挫敗。通常，一個人會展現特定的自戀類型，但也可能同時具備多種類型的特質。每種類型都有輕重程度的差別。舉例來說，輕度衛道型自戀者可能愛說教、沉迷運動和健康，表面上很正能量卻愛批評朋友和家人；而重度衛道型自戀者可能會成為邪教領袖。

誇大型自戀者

心裡話：「我三十歲前一定會當上億萬富翁，讓全世界看到我有多厲害。我要闖出一番驚天動地的大事業，天皇老子都阻止不了我。我才懶得理那些沒有夢想的平庸之輩，他們只會拖我後腿，我理應要被大家捧上天。」

誇大型自戀者就是最典型的自戀者：有魅力、愛出風頭、自視甚高，看起來「光鮮亮麗」，讓人聯想到功成名就。一切順風順水時，看起來很了不起，但一旦遇到挫折，馬上就原形畢露，開始發飆、怪罪別人。跟這種人相處會很心累，因為你活在現實中，他們卻活在幻想裡。其實，這些誇大的表現都只是武裝，他們在掩飾內心深處的自卑與缺乏安全感。他們自我催眠到接近妄想的地步，但又很容易騙到人。這種關係就像坐雲霄飛車，忽高忽低、時好時壞，搞得人既興奮，卻疲憊且困惑。

脆弱型自戀者

心裡話：「我明明跟那些創業家一樣聰明，只是我沒有人脈，也沒有老爸可以靠。我才不想浪費時間念大學，也不想找份爛工作，為白癡賣命。我寧可整天混吃等死，也不要替那些常春藤名校畢業的人渣做事。都怪我爸媽不給我更多錢、不幫我鋪路，不然我在業界早就出類拔萃了。」

脆弱型自戀者常常把自己當成受害者、焦慮不安、不會社交、性情陰沉、愛生悶氣、容易暴躁、鬱鬱寡歡且忿恨不平。這個類型有時又稱作「顯性自戀者」，所謂「隱性／顯性」其實是在講行為模式能否看出來：顯性行為指的是大吼大叫、控制欲，隱性行為則是指藏在內心的想法和情緒。有些人也會用「隱性自戀者」一詞，形容偽裝成好人來留下好印象的自戀者，也就是公開場合看不出自戀（但私底下原形畢露）。跟誇大型自戀者不一樣的是，脆弱型自戀者不會刻意展現魅力或裝腔作勢、接下來要幹什麼大事，而是會把自己包裝成受害者：「我一直沒機會，都是因為這世界太蠢，看不出我有多天才」，或「為什麼我要去工作？有錢人都靠父母的信託基金過活欸」。他們會把別人的成功歸因於運氣好，把自己的失敗歸因於命運不公。他們凡事都看不順眼，可能很愛唱反調和爭論，叫他們做事就像叫青少年摺衣服一樣困難。

脆弱型自戀者很怕被拋棄或拒絕，常常用受害者的心態發脾氣，讓身邊的人身心俱疲。他們在社交場合常常很彆扭，為了掩飾內在的焦慮和不安全感，只要看到別人玩得開心或有所成就，就會加以批評。因為脆弱型自戀者沒有魅力獨具的外表，大部分人（就連心理師）都會以為他們只是自卑、焦慮、憂鬱或單純運氣不好而已，但就算處理了這些問題，「我是受害者」的心態還是改不掉。

衛道型自戀者

心裡話：「我在拯救世界欸，我才是真正了解人間疾苦的人道主義者。說真的，我看到那些人整天抱怨自己的生活就覺得煩，明明他們也可以像我一樣幫助世人。我需要大家看到我做的善事，那些沒注意到的人一定是嫉妒，因為他們的生活太狹隘，從來沒幫助過任何人。」

一般來說，自戀者都是直接自我炫耀來肯定自己、滿足自戀需求，像是「我好有錢／好帥／好棒／好聰明」。但衛道型自戀者會用比較迂迴的方式滿足自戀需求，把自己塑造成「我好善良，永遠把別人擺第一」的形象，他們喜歡從事一些看起來很無私的事，像是募款、當志工、舉辦慈善晚會、參與國外人道救援、幫鄰居的忙，或單純在社群媒體散布正能量等，但這些行為的目的都是要維持自己「聖人」的形象，然後獲得別人的肯定。[②] 他們的「善行」小到參加淨灘活動（一定要發 IG）、大到成立大型慈善基金會（但對員工超級苛刻）。無論做什麼人道活動，他們一定要讓全世界都知道、享受讚美與肯定，事與願違就憤慨不已。

衛道型自戀者也出現在部分宗教場合或是類似邪教的團體，大談心靈成長和正向思考，像是某些宗教團體、新時代運動、瑜珈社群等，如果有人反對或不服從這些魅力獨具的精神領袖，就會被羞辱或欺負。如果從小面對衛道型自戀的父母，就會看到父母在外面是社區楷模，回到家卻既冷漠且愛發脾氣。

自以為是型自戀者

心裡話：「做事就是有對錯，那些不懂的人真的很噁心。我工作很認真、會存錢、講究傳統，我才沒空，也沒耐心理會那些不負責任的人。看到有人說自己過得很慘，我就知道是他們自己做錯選擇，又不是我的責任，幹嘛要我幫忙？不想照我的方式做就別來浪費我的時間，自己想辦法。」

自以為是型自戀者超級愛講道德、總是批評人、對「自己人」忠誠，思想極度僵化，凡事都分黑白對錯。他們誇大的地方在於狂妄地覺得自己比所有人都內行，真心認為他們的意見、工作和生活方式才是對的。他們高高在上，瞧不起其他人，從別人的飲食習慣、生活方式、交往對象到職涯選擇都要挑剔，期待其他人百分之百順從他們的想法，並且貶低情感、人性的脆弱面、犯錯，甚至連開心都不行。

這種自戀者要求所有人都要按照他們的方式做事，一點偏誤都不能有。他們的生活像機器人一樣精準：早起後就按部就班、每天吃差不多的餐點、嚴格遵守行程表、東西一定要整齊擺好（也要求周圍的人效法）。他們鮮少花時間享受喜悅、好好大笑、做一些看起來愚蠢但有趣的事，或與人有情感交流。他們也可能是工作狂，看不起「浪費時間」玩樂或是不夠努力的人。他們就連休閒活動都有偏執，像是一定要在特定的高爾夫球場打球，或一定要參加特定的飛輪課程。

忽視型自戀者

心裡話：「我需要你的時候自然會找你，不然我要忙自己的事，別來煩我。」

忽視型自戀者的特點就是完全抽離，缺乏同理心，所以對於別人的事絲毫不關心。他們也很自大，覺得自己高人一等，不需要跟人建立關係。他們就算需要尋求肯定，也只會在工作場合中表現，在親密關係裡幾乎從來不會出現這個行為。跟他們說話像對空氣一樣得不到回應，對你的事完全沒興趣。如果跟他們建立關係，你會覺得自己像隱形人。他們很可能不會吵架，甚至不會跟你有任何互動；至少吵架還代表他們願意跟你說話。

惡意型自戀者

心裡話：「我之所以能掌控一切，是因為大家都怕我，我覺得這樣很好。誰敢惹我的話，我會讓他和他身邊的人後悔一輩子。誰擋我路或不順我意，我一定會報仇。」

惡意型自戀者結合了四大黑暗特質：自戀、心理病態、虐待狂、權謀術（即願意利用和剝削別人）。[3] 他們跟心理病態者的唯一差別在於，惡意型自戀者內心還是隱約缺乏安全感、自卑感，所以要靠支配別人來彌補，而心理病態者則完全沒有這種焦慮感。惡意型自戀者覺得受到威脅或挫折時，可能會暴跳如雷、現場飆罵，心理病態者則能在生氣時保持冷靜。

惡意型自戀者在報復時會有一種病態的快感。他們愛公開抹黑別人、破壞別人名譽，而且極度有控制欲、把關係當成交易，評斷別人的標準就是「有沒有用」，可能是為了權力、利益、娛樂或自我肯定。簡單來說，惡意型自戀者就是個霸凌者：很兇、嚇人、窮追不捨、強勢。這是最危險的自戀類型，再嚴重一點就屬於心理病態。他們蓄意無視你的需求和安全，剝削和操弄別人，還常常用暴力、發飆、辱罵來展現自身的蠻橫。他們特別愛疑神疑鬼，甚至到了妄想的程度，經常覺得「別人都在害我」，到頭來助長了他們的侵略行為。

「自戀」與「自戀型人格障礙」的爭議

近來，社會上有人批評「自戀者」這個詞被濫用，一般人動輒就幫人貼上自戀的標籤，包括討厭的人、政治人物、明星、惡劣的家人、前任等，通通都被說是自戀。但其實自戀這件事，比單純「討人厭」還要複雜得多。許多心理師、媒體名嘴、法官、律師都覺得自戀的標籤太像在妄下診斷，或太過消極、嘴巴太壞，尤其是不區分行為和特質就胡亂指控。我理解大家害怕貼標籤，因為這樣會把一個人的複雜性簡化成一個名詞。我們平常都會說某人「很內向」、「很謙虛」、「很神經質」，但一說到「自戀」，遇到的反彈就特別大。

不過，濫用「自戀」這個詞確實滿危險的，不只是因為可能貼錯標籤，還會讓這個詞失去原本的效用。許多人看到有人愛誇耀、愛出風頭、膚淺或劈腿，就說人家自戀，但其實不必然真的是自戀。這樣亂貼標籤會造成幾個問題：首先，真的陷入自戀型關係的人所受的苦，可能會被輕描淡寫地帶過，因而得不到需要的支持和同理。再來，你可能不懂什麼才是真正的自戀，因而錯過保護自己的機會，還會一直覺得對方的行為是你的問題。第三，這會把自戀者複雜細微的言行想得太簡單，反而會造成更多誤解。因此，我們務必要正確且謹慎地使用這個詞，但也要好好稱呼這類特質、模式和行為。

我們敢於說出正確的名字時，才知道如何應付，不會抱持不切實際的期待，清楚地知道自己面對的情況，不會被矇在鼓裡。舉例來說，如果一個平常很體貼、很有同理心的人，剛好那天被炒魷魚，脾氣差了點，但後來有道歉、有負責，然後又變回原本有禮善良的人，這就不算是自戀，而是當天心情不好。但如果一個人平常就只會表面裝親切、其實都不在乎別人感受、自以為是、不尊重人，心情不好時更是惡劣，從來不道歉，還把錯都推給你，這才比較像是自戀。自戀不是單純的「心情差」，而是一連串的性格特質，這些特質會變成許多傷害關係的行為。了解這件事非常重要，否則我們可能會浪費多年，一直想要修補根本修不好的關係，或是一直陷在無法改善的情況中。

還有一個很容易誤導人的想法，即許多人以為自戀屬於醫學的診斷或疾病。許多網路社群和心理師都說，沒有經過專業訓練和評估，就不該隨便說誰有自戀症（這個說法確實有其道理）。但他們反而不小心傷害了曾陷入自戀型或對立型關係的倖存者，會說如果一個人有「病」，就不應該說他們的行為是傷害，因為他們控制不了自己；但其實我們都知道，自戀者善於在不同的場合戴上不同的面具。部分倖存者因而開始認為，也許他們不該把這段關係稱作有毒或是傷害，說不定問題真的出在自己身上。

但這種看法有幾個問題。首先，自戀是一種人格類型，並不是疾病。所謂人格類型就是一個人身上的各種特質加起來，會影響他們如何做事、如何處理問題、如何面對生活和回應各種狀況。的確有個醫學診斷叫作「自戀型人格障礙」（narcissistic personality disorder, NPD），其中特點就是我們在自戀者身上看到的那些行為模式。但要診斷出 NPD，必須先要有專業臨床醫師的觀察，確定這些行為在生活中常見且一直存在，同時嚴重影響到當事人的社交和工作，或讓當事人自己非常痛苦。我們不能光是看別人的經驗就妄下診斷，就算那些人身陷危難也不行。說也奇怪，NPD 這個疾病對自戀者周遭的人所造成的傷害，往往超越對他們自己的傷害。

有自戀型人格的人通常不會主動去心理諮商，即使願意接受評估，也要觀察好幾週或好幾個月才能確定是不是 NPD。如果自戀者真的去接受治療，可能是因為自己感到焦慮或憂鬱，同時面臨藥物濫用的問題，被逼著去找心理師做表面功夫，或生活出問題了（像是感情破裂），但他們不太會因為覺得傷害別人就內疚到接受治療（大部分自戀者都會覺得問題在別人身上，不在自己身上）。

我個人認為，NPD 的診斷應該廢除，因為現在幾乎沒有證據顯示治療方法有效，而且不同臨床心理師給的診斷結果相差甚遠。本書不會深入討論 NPD 診斷的複雜問題，但「自戀型人格障礙」這個名詞讓自戀的討論更加混亂。每個人都有自己的人格特質，只是有些人比較好相處而已。

在本書中，我們的重點不是某人有沒有「確診自戀」。這裡所說的「自戀」指的就是一種人格類型，不是臨床診斷。太多倖存者心想「我的父母／伴侶／朋友／同事／老闆／孩子又沒被診斷出問題，可能是我反應過度，是我自己的問題」，而覺得自己的經驗不值得重視。本書的部分讀者可能正慢慢療傷，也許曾建立關係的對象是確診 NPD，也許是自戀到發生問題，也許是疑似有 NPD 但從沒看過心理師。無論如何，最後都造成了傷害。

常見的迷思

如果我們把自戀簡化或只當成一種特質，就會忽略真正的重點。社會上愈來愈多自戀行為模式被視為正常，像是誇大不實的妄想，或是把刻薄的言論包裝成「直話直說」，這種情況害得愈來愈多人受傷，所以我們更需要釐清事實。以下要探討幾個常見的迷思，以免掉進自戀者的陷阱裡。

自戀者都是男性？

不見得，只要有自戀母親的人都知道這只是迷思。雖然研究顯示，誇大型自戀好發於男性，但其實任何性別都可能是自戀者。[4] 愛賣弄言行的大男人形象可能讓這個迷思一直存在，但這種刻板印象恐怕會讓我們忽略或懷疑有毒的行為模式。

自戀者只是狂妄愛炫耀？

狂妄是指做作且自認優越的態度，像是跟你說話時眼神飄來飄去，因為覺得你根本不值得他們浪費時間，或只對他們覺得「夠格」或當下對他們有用的人感興趣。所有自戀者都很狂妄，但他們不只是覺得自己比別人優秀而已，通常還要讓別人覺得自己「比較低等」，運用輕蔑的態度、批評或勢利的方式打擊別人，或是扭曲認知讓人懷疑自己的理智。

狂妄是把人絆倒，自戀是看到有人跌倒會嘲笑。狂妄的人可能只是自以為是或覺得自己有特權，但自戀者心理狀態複雜得多，包括不安全感和脆弱感。狂妄會讓人覺得不舒服、想敬而遠之，自戀則是真的會造成傷害。

自戀者控制不了自己的行為？

你有沒有跟自戀型親友一起參加過派對？在別人面前，他會裝得魅力四射，有人開他玩笑也不生氣，你可能會驚訝地想：「噢，也許是我之前誤會了，大家都很喜歡他，他把自己管得很好。」結果派對結束，上車準備回家，他就開始對你發飆，把所有怒氣都發洩在你身上。你這才發現，其實他剛剛早就不爽了，只是選擇在別人面前裝沒事、免得丟臉，然後選擇在沒人看見時對你發作。

自戀者其實可以控制自己的行為。他們可能會在親近的人（例如家人）面前發飆，但在「有地位」的人或是他們想要得到認同的新朋友面前，通常不會這樣。曾有個女生跟我說，她的自戀型姊姊有時會打電話來，用甜美的語氣問她旁邊是否有人，因為知道她開了擴音。如果她說身旁沒人，姊姊就立刻開始狂罵她。這就是選擇，她不想讓別人聽到她發飆，知道這樣很難看。有些人的人格特質就是調節不了情緒，會在你的朋友、客戶，甚至陌生人面前大吼大叫，但自戀者通常非常懂得算計、比較有條理。他們很清楚不同行為的觀感好壞，也會選擇觀眾來維持公開形象，私底下卻把最親近的人當沙包來發洩。

自戀者能大幅改變？

想想你自己的人格特質。你是內向的人嗎？如果是的話，你能忽然變成每週想出去玩四次、花一堆時間跟一大群人相處嗎？還是你是個隨和的人？隨和這種人格特質是有同理心、無私、謙虛、信任別人，也願意遵守規則，剛好也跟較佳的心理健康和情緒調節相關。[5] 假設你就是這種隨和的人，你想改變嗎？你覺得自己可以改變嗎？你覺得自己明天就能從一個有同理心、謙虛、有道德的人，變成自以為是、愛操縱、愛出風頭又自我中心的人嗎？大概不行吧，你可能甚至會問：「我幹嘛要改變？這樣不只會讓自己不舒服，還會傷害身邊的人。」

想要改變人格真的很難，人格通常很穩定、不太會改變。有些研究人員認為，重大心理創傷等經驗或腦部受創、中風等生理創傷可能會改變人格。但即使是要稍微改變人格，當事人也必須真心想改變，而且相信改變會帶來良好的結果。⑥但即使如此，只要承受了壓力，我們原本的人格還是會跑出來。

自戀稱作「適應不良」的人格類型，因為這樣的人格常常會跟別人不對盤。但弔詭的是，愈是適應不良的人格，就愈會抗拒改變。這些人不太願意改變，特別是因為自戀者在事業和收入都過得不錯，也因為他們缺乏自我覺察或反省的能力，所以不會注意別人的感受，也不覺得自己要負什麼責任。只要出事了，他們就會責怪別人，還會理直氣壯地認為自己沒錯。如果自戀者不覺得有必要改變（他們還可能覺得改變反而會傷害自己或失去「優勢」），那就好像你不可能突然變成自私自利的人，他們也不可能突然變得隨和或有自知之明。人格確實有可能改變，但需要當事人極度投入。舉例來說，真心想變得更認真負責的人，會因為這樣做可以更優秀，因此願意努力改變，但還是難度很高。

每個人都喜歡「浪子回頭」故事，其中的迷思是：所有人都能改變，自戀者當然也可以改變；如果你夠愛他們、安撫他們的不安全感，或找到最佳的溝通方式，或如果你「夠好」，這段關係就會順順利利。但現實是，這類情況極為罕見，而如果有人說他們聽過自戀者改邪歸正的例子，就是天方夜譚。目前幾乎沒有研究能證明，自戀行為會有持續顯著的改變。簡單來說，你在生活中遇到的自戀者不太可能是特例。

跟自戀重疊的心理健康問題

在生活中跟中度自戀者相處的人，可能很難分辨這是特定人格類型，還是其他心理健康問題。因為自戀可能會放大其他心理健康問題，或是看起來頗為類似。遺憾的是，具有自戀傾向的人在治療其他心理健康問題上會更複雜。

自戀最常跟以下問題相關或重疊：ADHD（過動症）、[7] 成癮、[8] 焦慮、憂鬱症、[9] 躁鬱症、[10] 衝動控制障礙、[11] PTSD（創傷後壓力症候群）。這些重疊在特定自戀亞型中尤其明顯，例如社交焦慮常見於脆弱型自戀。[12] 自戀者的誇大表現和情緒起伏不定、易怒、反應過度，有時可能會被誤認為是躁鬱症或輕躁症（如果是比較輕微的躁症，患者還能工作和生活）。躁鬱症與自戀完全是兩回事，但一個人同時有這兩種問題也不奇怪；[13] 在這種情況下，就算躁期早就過了，誇大的言行還是會持續。易怒常常是憂鬱的特徵之一，許多自戀者也很容易發脾氣。雖然我們知道自戀和憂鬱相關，[14] 但在脆弱型自戀中，憂鬱的症狀可能太過明顯，反而讓心理師忽略了自戀的模式，結果就算憂鬱好轉了，但因為自戀的模式還在，所以依然會一直扮演受害者、易怒、凡事提不起勁。

自戀者常常也患有 ADHD，或有注意力方面的問題。[15] 這點就很棘手，因為 ADHD 可能會被當成藉口來說明為何自戀者控制不了衝動，或聽人說話時無法專注（但談到他們自己或他們感興趣的話題就超專心）。但 ADHD 本身與情感操縱、自認為有特權、缺乏同理心等這些特質並沒有多大關聯。

自戀也會讓成癮問題的治療變得更辛苦、復發機率更高。因為自戀者可能會覺得自己不需要治療，半途而廢，或是根本不去治療。[16]成癮問題可能會讓你在這段關係中更不知所措，因為你可能以為他們戒酒後，行為就會恢復正常，或擔心結束關係會讓他們復發。

具有自戀型人格的人往往在童年有過創傷、被忽視或混亂的經驗。研究指出，自戀（特別是容易衝動和生氣）跟負面的童年經驗有關。[17]不過，其實許多自戀者在童年並沒有重大創傷，而且大部分有創傷經驗的人，最後也沒有發展出自戀型人格。話雖如此，如果你身邊的自戀者有創傷經驗，你可能會有罪惡感，甚至覺得如果他們的行為是創傷所造成，責怪他們好像不太公平。

這些重疊確實很容易讓人摸不著頭緒，你可能會幫他們找藉口說：「也許他們只是太焦慮了……」但要記住，一般焦慮的人並沒有傷害傾向。重點在於，人格特質是穩定的，就像襯托人聲的固定節拍。其他心理健康狀況可能只是偶爾發作，或是可以靠藥物和治療來控制。許多自戀者會把自己慣性否定別人的行為，歸咎於心理健康問題，認為這樣比較情有可原，但他們通常又不願意去接受治療。如果你把他們的自戀行為模式都歸類到其他心理健康問題，可能會更難跟他們劃清界限或離開這段關係。諷刺的是，通常都是跟自戀者有關係的人去進行心理諮商，自戀者本人反而鮮少求助。

自戀在心理健康領域還是個模糊且讓人困擾的問題。心理健康專家可能因為覺得這類人格的治療成效不大，就放棄了對此深入了解的責任，但這不能當成藉口。這在心理健康領域是罕見的難題：為了保護無辜的人，我們必須先了解特定的人格類型。

還記得卡洛斯和亞當嗎？看完這章後，應該就比較清楚亞當才是那個長期傷害別人、否定別人、又固執的自戀者，儘管在外人眼中他可能看起來是個正直的好人。卡洛斯固然有些自私又不負責任的行為造成傷害，但他有自知之明、也懂得懺悔，平常也會展現同理心和其他健康的行為。光看單一行為不能斷定對方就是自戀者。

自戀是一連串特質組合而成的人格類型，光譜從輕度自戀到重度自戀都有。這些特質本身不是問題，問題在於自戀者為了支配別人、保護自己脆弱的內心，而展現出傷人的行為。你覺得身邊有人是自戀者時，可能會有罪惡感，可能會因為不自在而避免指出他們的行為有問題。這種罪惡感加上不敢使用「自戀」的標籤，讓許多人一直躲在陰影裡。如果你也是如此，與其擔心貼標籤，不如好好觀察行為本身。

大部分的人遇到的並非極端惡劣的自戀者，而是中度自戀者，問題是自戀行為如何影響你們的關係？現在你知道自戀的定義，也知道有哪些類型，是時候好好檢視這些關係和伴隨的行為了。一旦你了解自戀型傷害的循環，你就會懂得不再責備自己，進而踏上療癒之路。

第 2 章

傷痕累累的自戀型關係

了解創傷羈絆的模式

假如我們當初對愛的定義相同，學習去愛就會容易得多。

——貝爾．胡克斯（Bell Hooks）

喬丹很受不了自己到現在還想討父親歡心，他覺得自己就像個四十五歲的小男孩，還在期待父親能跟他一起打棒球。他的童年就像雲霄飛車一樣起起落落，美好時光就像冬日意外出現的暖陽，他一直都很珍惜，也希望不要結束，因為他知道要等到下一次的美好時光，可能要很久很久。

在喬丹眼中，父親在他們居住的中型城市裡小有名氣。他會開著古董車在各個場所招搖過市，受到眾人的百般追捧。但只要事情不如他的意，他就會大發雷霆，就連到餐廳吃飯都是件可怕的事。他父親會對任何對他失禮的人大吼大叫，而且還真的會說出「你知道我是誰嗎？我有本事讓這間店關門大吉」這種話。全家人的生活都是圍著父親轉，週末計畫都得配合他的高爾夫球賽程，每場家人都要去觀賽，幫他加油打氣。他父母結婚五十年了，他母親現在就像是沒有靈魂的軀殼，看起來常常很悲傷、焦慮又膽小。喬丹很難相信，以前母親居然是事業成功的女性。他看著父親對母親如此冷酷真的很痛心，常常在晚上聽見母親暗自啜泣。

喬丹發覺，他父親對朋友的孩子比對他和妹妹還要關心，所以他學會了躲著父親，但內心又渴望獲得他的關心。他常常會想：「我到底哪裡不對？為什麼我不夠好？」喬丹其實是個優秀的學生，也是學校管弦樂團最優秀的小提琴手，個性善良。但他父親卻嘲笑他的音樂天分（「怎麼，你要當專業的小提琴手嗎？」），嘲笑他的感受，也從來沒有試著真正了解他。他母親整天忙著取悅一個永遠無法滿足的男人，自己也很不快樂且疲憊，根本沒空注意到喬丹的需求。喬丹甚至試著學打高爾夫，只為了想跟父親有共同的話題，卻發現自己很討厭這項運動。他唯一一次和父親一起打球時，父親全程都在批評他打得有多爛。

長大後，喬丹發現自己總是從事低於自己能力的工作，看輕自己的價值，交往對象都是他想要「拯救」的人。他的第一任太太是很難相處的女人，最後以離婚收場，之後他一直找不到人生方向。他覺得自己沒辦法完全離開原生家庭，還是覺得要保護母親（儘管他也很氣母親一直容忍父親的行為），而且說來莫名其妙，他仍然想贏得父親的認同。他把乏善可陳的事業、破碎的婚姻、對於父親的不理解，全都怪在自己身上。

喬丹的故事就是典型的例子，說明自戀對身邊的人所造成的傷害。他父親的人格反映在行為上，傷害了整個家庭。

他父親的暴怒、自以為中心的行徑、對家人不切實際的期待（覺得家人就要必須捧場）、嘲諷和輕蔑，在在傷害了喬丹和他母親。這類行為就稱作「自戀型傷害」。

自戀的模式和特質常常會導致很多不健康且傷人的關係行為，像是否定別人感受、操縱別人、充滿敵意、傲慢、自以為有特權的心態，這些都讓自戀者能在關係中保持權力和控制。這些行為跟其他自戀特質（例如尋求認同）同時發生，所以他們還是會展現足夠的魅力來獲得想要的認同。當你在關係中經歷這些傷害，外界卻是看到那個充滿魅力的假面具，就會讓你感到既困惑又矛盾。

在本章中，我們會詳細分析這些關係中的傷害行為。

什麼是自戀型傷害？

自戀型傷害可以定義為：具有自戀或對立型人格類型的人在關係中，出現傷人、欺騙和否定別人的行為模式，有時破壞安全感和信任，有時假裝的很正常又親密。這個定義是根據研究、臨床實務、理論著作，以及我與數千位經歷過自戀行為的人（包括案主）的對話而來，可能是在家庭、親密關係、朋友、職場和社群之中。這些有害行為讓自戀／對立型的人能在關係中掌控主導權，維持他們那種誇大不實且扭曲的自我評價，雖然保護了他們的脆弱感、不安全感，也壓抑了他們的羞恥感，但同時也對關係中其他人造成重大的心理傷害。這種傷害行為會跟關係親密且舒適的時期交替出現。

另外，自戀者通常會在不同場合表現出截然不同的行為（在公開場合表現的合群友善，但在私下沒有大眾目光的場合，對於他們不太在意是否得到認同的對象，例如伴侶或家人，就會唱反調且有控制欲）。簡單來說，自戀者會刻意讓你覺得自己很渺小，這樣他們才能感到安全。想要理解自戀型傷害，可以先想想「自戀者需要什麼？」答案是：控制、支配、權力、讚美和認同，而他們獲得這些的方式，就是運用自戀型傷害。

就像自戀有程度高低之分，自戀型傷害也是一樣。輕度的自戀型傷害可能像是不被當一回事、長期感到失望，而重度則可能包括暴力、剝削，以及追蹤和高壓控制。① 大部分受到自戀型傷害影響的人，不只是在應付著迷於社群媒體的自戀者帶來的煩人打擾，也不是在處理暴力和脅迫，而是中度的自戀型傷害：慣性的否定、打壓、操縱、憤怒、背叛和扭曲，而這些行為又會與「正常」和「良好」的時刻混在一起。在外人眼中，你們的關係可能很好，但你卻活在困惑且不自在的迷霧中。

我們來看看自戀者用來滿足個人需求的部分手段、策略和慣用行為。你也會了解這些循環的運作方式，以及在你覺察到這段關係不健康時，依舊讓你無法脫身的根深柢固的慣性。整體來看，這些構成自戀型傷害的模式，都會有損你的自我認同、直覺和幸福感。

扭曲認知

扭曲認知（Gaslighting，也譯作情感操縱或煤氣燈效應）是自戀型傷害的核心，方法是一再讓你懷疑自己的經驗、記憶、感知、判斷和情緒。長期的扭曲認知會讓你懷疑現實，這就屬於情感傷害。扭曲認知可能包括：否認發生過的事件、做過的行為、當下的經歷或說過的話。扭曲你認知的人可能會把家中物品移來移去，然後否認自己做過。典型的扭曲認知說法包括：

- 那根本沒發生過啊，我從來沒做過／說過那種事。
- 你幹嘛每天都這麼愛生氣？
- 你太誇張了，沒那麼糟糕吧。
- 你沒有權利有這種感受。
- 都是你想像力太豐富。
- 別人的日子比你辛苦多了，不要再把自己當受害者了。

扭曲認知是個漸進的過程，需要你對施虐者有一定程度的信任，就像我們對戀愛對象、家人或老闆的信任一樣。施虐者會利用這層信任來瓦解你對自己的信心，藉此保持他們的控制權。[②]他們會先在你心中種下懷疑的種子（「根本沒發生過那種事情，你沒有資格可以這樣想」），接著更進一步質疑你的心理狀態（「你是不是記憶有問題？你確定你的精神沒有狀況嗎？還是讓我來處理好了，反正你不可能搞定」）。

扭曲認知也讓自戀者能堅守他們的說詞和事實，這樣能保護他們的自尊心，卻也傷害了你。久而久之，你也許就接受了扭曲過的事實，進而更難逃離這段關係。

對於從小就有自戀型父母的人來說，扭曲認知代表家中的傷害經歷遭漠視，兄弟姊妹間的霸凌被輕描淡寫。雪上加霜的是，這些人長大後試圖詢問這些痛苦的童年經驗時，依然遭到否認。在這樣的家庭中長大，不僅要忍受情感傷害，連童年的真實經歷都被扭曲成虛構的故事。

扭曲認知不是單純的意見不合，也不等於說謊。凡是曾設法向施虐者出示「證據」（例如簡訊或影片）的人都明白，這也無法讓自戀者承認責任，因為他們反而會轉移焦點，質疑你心理不健康，或一再重複曲解過的說詞。他們可能會說：「我不想浪費時間跟一個偷看我手機的人說話，你就是愛計較。」他們也可能會提出不同事實的版本，像是說：「是喔，可能那只是你看到的版本吧」即使你手上拿著能打臉他們說詞的簽名文件或電子郵件也一樣。

如果你此時堅持自己的立場，自戀者可能會說：「嗯，如果你真的這樣想，也許你根本不在乎我們的感情。」到頭來，想要維持跟自戀者的關係，你就必須接受他們眼中的現實版本。自戀者暗示如果你在關係中渴望得到認可，代表了你其實不重視這段關係，你可能就此退讓，把證據收起來，為了維持關係而屈服。

還有另一個理論架構可以更全面地理解扭曲認知，這是來自研究背叛行為的知名心理學家珍妮佛・弗雷（Jennifer Freyd）博士。她提出 DARVO 模型來說明施虐者（特別是扭曲認知的人）在面對質疑時的反應。

DARVO 這個縮寫分別代表：

- 否認（Deny）行為
- 攻擊（Attack）質疑他們的人
- 顛倒（Reverse）受害者（Victim）和加害者（Offender）的角色（加害者坐上受害者的位置，像是「大家都在針對我」，反而把受害者指責成加害者，像是「你每次都愛批評我」）③

DARVO 是扭曲認知的延伸，有助我們理解為何長期認知被扭曲的人，不只會懷疑自己、覺得自己「瘋了」，甚至還會覺得自己是個「壞人」。

・認知可能正在遭到扭曲的跡象・

- 覺得需要寫很長的信或簡訊向施虐者解釋。
- 設法為自己的感受提供「證據」（例如翻出舊簡訊給對方看）。
- 公開或偷偷地錄下談話內容，好證明他們說過的話。
- 過度依賴別人的意見來確認自己的感受。
- 說話前都得長篇大論地交代背景。

- 覺得必須把所有溝通都用書面「白紙黑字」記錄下來。
- 為了避免衝突而一直退讓妥協。

DIMMER模式

這些都是在自戀型關係中，你會經歷的具體行為模式。我用「DIMMER」（調光器）這個縮寫來描述這套模式，因為自戀型關係就像個開關，逐漸調暗你的自我認同感和幸福感。

在自戀型關係中，你的需求、感受、信念、經驗、想法、希望，甚至自我認同感都會被「輕視」（Dismissiveness）和「否定」（Invalidation），可能單純是自戀者不聽你說話，或語帶不屑地否定你說的話（「這太荒謬了，沒有人在乎你在說什麼」）。久而久之，這會讓人覺得自己不像個人，因為你提出的任何事都被當成不重要，或是根本被忽視，慢慢地你會覺得自己跟透明人沒兩樣。這種被輕視和否定的經驗會日積月累，一開始可能只是感覺像意見不合，但最後恐怕會演變成全面的打壓。

輕視常常會導致輕蔑，以及對你所重視事物的徹底漠視和鄙夷；否定則是讓你感覺自己沒被看見、沒被感受、沒被聽見或沒被理解。輕視是敷衍了事；否定則是完全不承認；輕視指忽視你的擔憂或需求；否定則是持續羞辱和拒絕你的需求（「別像個小孩子一樣要我浪費整天的時間陪你看醫生，我光是坐在那裡也改變不了你的病情，而且我很討厭醫院」）。久而久之，這種否定會偷走你的聲音，最終偷走你的自我認同感。在關係初期，你可能會皺眉想：「他到底有沒有聽我說話？」如果你是在自戀型父母身邊長大，這種否定對你來說再熟悉不過了，你偶爾才會被注意到，被注意到時也常常遭到羞辱、輕視或冷落。時間久了，你可能會覺得不被看見反而比較安全。

自戀者還會運用「貶低」（Minimization）的手段，即刻意冷處理你的經驗，甚至完全否定它的存在。他們可能會說「這沒什麼大不了的」，或「我不懂你為什麼為這種小事操心」來貶低你的感受。而且除了你的感受和經驗外，他們也會不屑你的成就，例如輕視你得到的升遷，或是貶低你取得學位的難度。這種貶低行為其實非常虛偽：當類似的事情發生在自戀者身上，他們認為自己理應展現激烈的反應，但同樣的事發生在你身上，他們卻會輕描淡寫。更糟的是，這種貶低可能傷害到你，特別是他們輕忽你的健康問題時，可能導致你延誤就醫或治療的時機。

自戀者會運用「操縱」（Manipulation）來控制或影響你，讓你配合對他們有利、但對你不見得有好處的目標。他們不會坦白說明自己的渴望或需要幫助的理由，而是利用你脆弱的情緒，像是罪惡感、義務感、自我價值感低落、困惑、焦慮或恐懼等來讓你就範。舉例來說，如果你的自戀型父母說過類似這樣的話：「沒關係，你不用回來過節吃晚餐，反正我的背痛又發作了，可能也煮不了飯，而且每年我都在想，這可能是最後一年準備大餐了，但我知道你有更重要的事要忙。」那就是典型的操縱手法。

「剝削」（Exploitation）則是指占別人便宜。自戀者會利用你原有的弱點，或是刻意製造弱點，例如孤立你或讓你依賴他們的經濟援助，然後再加以利用。他們也可能會利用你帶進關係中的金錢、人脈和其他資源。自戀型父母甚至會暗示你「欠」他們的，因為他們供你吃住。所謂「剝削」，就是一旦你接受過自戀者的好意，就會背負心理債務，以後當你對他們的要求感到不自在，他們就會說起過去的小恩小惠。

自戀者的「憤怒」（Rage）可能是自戀型傷害最讓人害怕的面向。他們認為自己理應能任性地發脾氣，這種怒火多半源自羞恥感。如果你引發了他們的自卑感，他們通常會用明顯的攻擊（大吼大叫），或是消極攻擊（冷處理、冷暴力、展現憎恨）來對付你。[4]他們可能會為自己失控發飆感到羞恥，因為他們其實知道這樣很難堪，但他們會把責任推給你，惡性循環就此展開。

自戀者無法控制自己的衝動，特別是當他們感到被挑釁、嫉妒或喪失權力，很容易就會有過度反應。他們對於遭到拒絕特別敏感，凡是遭遇任何被拒絕或遺棄的事，都會引發極大的憤怒。[5]這類憤怒可能在任何溝通情境中出現，像是簡訊、語音留言、電子郵件、私訊、電話、當面對質，甚至是開車時的路怒。憤怒是自戀型傷害最明顯的行為表現，也會對受害者造成最大的傷害。

支配模式

支配、孤立、報復和威脅

自戀型傷害的核心是「支配」，這彌補了自戀型人格最根本的自卑與不安全感。典型的自戀行為包括設法掌控行程、外表、財務決策和話語權。他們的控制常帶有惡意，就是要展現自己主導一切。舉例來說，他們可能會拒絕參加對你來說重要的活動，這可能代表你也不准參加。他們會用金錢控制你，像是替你付房租好讓你住在附近，或是提出要支付你家人的醫藥費，讓你覺得不敢出意見、心有虧欠。這類控制會延伸到「孤立」的層面。自戀者會批評你的家人、朋友和職場，你只要跟這些人在一起，他們會表現得無禮且侮辱人。他們也可能散播有關你身邊親友的假消息，讓你懷疑這些人的忠誠和友誼。結果就是你漸漸減少接觸你在乎的人，或是這些人也不再來往。你愈是被孤立，就愈容易被控制。

「報復」和尋仇行為是自戀型傷害的另一個常見特徵，而且自戀者往往又特別固執。沒有什麼比被冒犯的自戀者更可怕的了。他們的尋仇行為可能包括散播惡毒的職場謠言、竊取商業機會，甚至是做出更嚴重的事，像是辭職以逃避支付贍養費，或是因為你立下界限就剝奪你的繼承權。自戀者的報復特別棘手，因為他們善於遊走法律邊緣，這可能讓你難以採取有效的法律手段；畢竟，混蛋本身並不違法。自戀型傷害的特點還包括大大小小的「威脅」：法律威脅、揚言要向你親友揭露你的真面目，或是在離婚過程中以財務或監護權相逼，只為了要製造恐懼感。他們會說出「沒有人敢惹我」或「我們法庭見」這類誇大的話，或是做出讓你提心吊膽的行為，好鞏固支配的地位。

對抗模式

爭吵、設局、轉嫁責任、自圓其說、批評、輕蔑、羞辱、語言混亂

這套模式反映了自戀者常用來控制話語權的策略。自戀者喜歡吵架、辯論、爭執或任何形式的衝突。「爭吵」讓他們能獲得關注、發洩情緒、說出不滿，同時又保持支配地位。俗話說得好：「別和豬打架，否則只會弄髒自己，豬反而樂在其中」。你努力要脫離這種關係時，自戀者常會透過「設局」跟你挑釁找架吵。他們可能會曲解你的話：「我以為你說過你討厭你姐夫啊」。你跳出來否認這個明顯不實的說法時，爭吵就開始了。不幸的是，如果你不上鉤，他們就會繼續加碼，提出你更在意的事。一旦你上當而情緒激動，他們就會冷靜退一步，把你形容成情緒失控的一方。

自戀型傷害必定包括「轉嫁責任」。對自戀者來說，沒有什麼事會是他們的責任或過錯，因為承認責任或接受過錯，就代表他們必須負起責任，承認自己並不完美。轉嫁責任讓他們得以維持優越或自認是受害者的誇大自我形象。在親密

關係中，他們出軌是你的錯；對自戀型父母來說，他們無法實現夢想是你的錯；對自戀型成年子女來說，他們無法保住工作是你的錯；在自戀型職場關係中，錯過期限、生意破局也是你的錯。與他們爭吵毫無意義，因為他們堅持凡事都是別人的錯。

轉嫁責任常常伴隨著「自圓其說」。自圓其說和「合理化」是自戀型傷害的關鍵元素，與扭曲認知、操縱和否認等模式有關。舉例來說，自戀者可能會說：「我出軌是因為自從寶寶出生後，你就再也不關心我了，明明我一直拼命工作，維持我們的生活水準。你都不懂得謝謝我付出的一切。」久而久之，你可能會有罪惡感，好像做錯事的人是你，因為你被當成是自戀者不良行為的藉口。自戀者可能像律師一樣好辯，為傷害你的行為找出冷冰冰且合乎邏輯的理由，只為了贏得口舌之爭。

自戀型傷害的其他爭吵模式，包括對你做的任何事都提出「批評」。這種批評可能是對你、你的習慣、你的生活或你的存在本身的「輕蔑」，嚴重點會變成「羞辱」，可能是在別人面前嘲笑你，然後說只是開玩笑，也可能用翻白眼等肢體語言間接表達。自戀者羞辱你或讓你難堪，其實是下意識地把羞恥感轉嫁到你身上，好讓自己心裡好過一點。

自戀型傷害的典型特徵之一，就是用「東拉西扯」的混亂語言讓你聽得頭昏腦脹，意思是說大量沒有實際意義的話（例如「我的人生目標就是我自己，一切都是為了成長，都是為了全世界。」），或是突然對你拋出一連串不著邊際的話，胡亂提起以前的事。舉例來說，你問自戀型伴侶為何一直加班到這麼晚，他們可能會回答：「我就是拼命三郎啊，而你就是拜金女。我努力養家，繼續拼老命工作。我不斷付出、你只管著拿，我拼命在付出。我不知道你整天在做什麼，你都在做什麼？我們吃的飯從哪裡來？我連你手機密碼都不知道。我在工作，你在玩。那個男的叫什麼名字？也許我現在就應該衝過去看看。」

覺得莫名其妙對吧？

背叛模式

說謊、出軌、虛假承諾

自戀型傷害可能會讓人格外痛苦，因為聲稱愛你的人居然能欺騙你、辜負你的信任。

自戀者會「說謊」，這是他們的本性。雖然他們不如心理病態那麼善於說謊，但也相去不遠了。自戀者說謊是為了維持他們誇大的說法、獲取關注，向外界展現特定的形象，也是為了掩飾內心的羞恥。他們的說謊和背叛通常會一起出現。自戀者「出軌」往往特別讓人難受，他們可能毫無歉意，反而回過頭來指責你，迅速進入自我保護模式，以免在別人眼中觀感不好。我們常常低估了背叛的影響和創傷，但當你信賴的人辜負你的信任，這會危及你的安全感，降低你未來的信任能力。[6]長期以來，我們只把背叛視為關係中可能發生的不幸事件，但這會忽略自戀型關係中常見的背叛所帶來的破壞力。

再來就是「虛假承諾」。你是否遇過自戀者答應要改變，或是承諾要給你想要的東西來讓你繼續留在關係中，但無論是結婚、搬家、生孩子、度假、還錢、接受心理治療等，最後這些承諾都沒有實現，或是對方不斷改變承諾的內容，導致目標永遠都達不到？虛假承諾是自戀型傷害中特別扭曲的要素。自戀者知道你的需求，所以會利用這些承諾當作操縱手段，讓你重新上鉤、繼續期待。大部分的虛假承諾都會牽扯未來某個日期：「我們一年後就搬家」、「等我賣掉房子就還錢給你」、「等我換班後就會去找心理諮商」。你被迫押下賭注（而且還是很糟糕的賭注）。你無法指望馬上或一週內就結婚、幾天內就搬家，或諮商能立即產生改變。於是你等了又等，如果你在約定日期之前多問兩句，自戀者很可能就會指責你太咄咄逼人。如果你一開始就說「我不相信你」，他們又會說「你要給我機會才會知道吧？」但當約定的時間過去後，承諾依然沒有實現，時間也就白白浪費了。

剝奪模式

剝奪、「餵麵包屑」

自戀型人格最基本的特質就是把親密關係當成交易，

自戀者只有在能得到好處（自戀餵養）時才會給你時間或親近的機會。因此，自戀型傷害的核心就是各種「剝奪」：沒有親密感、不花時間、有距離感、缺少關注與愛。這種關係就像你一直在一口乾枯的井裡打水，偶爾會打起一點水，但多半都是空桶而返。有時，這種關係又像是在餵你麵包屑（breadcrumbing）。「餵麵包屑」是指自戀者愈來愈少付出，而你也慢慢學會接受，甚至還對此表達感激。這種情況可能是慢慢發生，也可能從一開始就有這個模式，而你逐漸在關係中習慣屈就，這可能是因為你在童年關係中就體驗過被剝奪，學會了自我調適。

自戀型關係的循環

阿莎在一次朋友晚上聚會中認識了戴夫。戴夫有魅力又迷人，酒吧打烊後，他們坐在外面聊到凌晨三點。戴夫很懂得聆聽，還跟她分享自己艱困的童年。兩人開始約會後，戴夫常常傳訊息給她，也記得很多小細節。她常常在辦公桌上發現戴夫訂了咖啡和早餐。他們經常一起出遊，認識才四週，戴夫就帶她去紐約過生日。

但時間一久，阿莎發現戴夫好像有兩個版本的性格：一個是貼心、大方、有魅力且有抱負的人，另一個則是陰沉、忿忿不平、自以為是又愛發脾氣的人。戴夫經常會瞬間理智斷線後亂發脾氣，然後道歉。一開始阿莎覺得很混亂，但後來她懂得在他心情不好時給予大量的支持。她慢慢開始自我審查，不敢分享自己的煩惱或壓力，因為只要她說出口，戴夫就會指責她帶來負擔，或老是把話題繞到自己身上。她一直幫戴夫的行為打圓場，因為她希望這段感情能繼續下去，畢竟好的時候真的很好。

有天戴夫獲得升遷，這代表要搬家了。阿莎放棄了自己最愛的公寓和同事，調到另一個辦公室。接著，情況就出現了變化。戴夫常常指責阿莎工作不夠認真、沒做好分內的事、公寓打掃得不夠乾淨、他想找她時找不到人。這段關係變成阿莎不斷為自己辯護，努力讓自己更完美，只為了避免他發飆。她一直在想自己做錯什麼，還可以怎麼做得更好。

最後，阿莎真的累了。她懊悔當初搬家、放棄公寓又離開好友，而且戴夫情緒起伏的日子，讓生活充滿了不確定性。她終於跟他說想分手，搬回讓她感到安心的地方。但戴夫哭著求她留下，說自己是因為壓力大，承諾要去看心理諮商處理自己的心魔。他不斷道歉，說阿莎不需要離開，因為他會改變。

因此，阿莎留下來了。一開始，一切又回到他們剛認識時的樣子。戴夫又變回那個有魅力、大方的人，也真的約了心理諮商。阿莎充滿希望，兩人會努力維繫感情。但沒多久，爭吵開始了，戴夫也不回去諮商了。阿莎又開始小心翼翼，感到進退兩難。她再度覺得，唯一的出路就是提出分手、搬出去，甚至找好了新公寓。這次戴夫說：「對不起，我不能失去妳，我願意跟妳搬回去，我知道妳想離朋友和家人近一點。」她相信有了親友的支持，情況可能會好轉，所以同意了，兩人搬回她原本的社區。這感覺像是在安全的地方重新開始。但沒多久，緊張的關係重新上演。

自戀型關係都有一個固定的循環模式，通常一開始都是充滿魅力、熱情和理想，也就是所謂「愛的轟炸」（love bombing）吸引著我們。但慢慢地，那個「美化」的面具就會掉下來，接著就會開始貶低你的價值，最後冷落你。雖然不是每次都這樣，但通常你開始立下界限或是想脫身時，自戀者就會設法把你拉回關係中。如果你給出「第二次機會」，這個循環就必然會重新開始。

這些階段在不同類型的關係中會有不同表現，但這個循環模式在所有自戀型關係中都一樣。舉例來說，自戀型父母不會對孩子進行愛的轟炸，但孩子會緊抓著那些美化過的時刻，這些時刻會跟被貶低、被冷落的時期輪流出現。孩子會努力表現得「更好」來換取父母的關注。這種情況下的美好時刻或愛的轟炸，其實是孩子渴望得到父母的愛，而自戀型父母則會利用這種渴望。自戀型關係出現在成年時期，這個關係循環模式會更明顯，特別是愛的轟炸，過程中會用誘惑和美化的手段來吸引你，讓你陷入無比困惑的迴圈，美好的經驗和可怕的傷害輪流出現。對於自戀父母的成年子女來說，這種循環可能會一再重複，導致他們陷入跟父母或伴侶（或任何自戀者）的惡性循環中，不斷被拖回只圖自己利益且否定對方感受的互動模式。

想要打破這種毒性的循環非常困難。許多人從小都聽著童話長大，相信討人厭青蛙王子的故事，相信感情需要「努力經營」，相信被「選中」的浪漫幻想，相信愛情是要奮鬥才能得到。自戀型關係的循環正好體現了這些扭曲的愛情觀。對許多人來說，這個循環很像拼命要討好永遠無法取悅的父母，所以被拒絕會帶來既視感，而被捧上天則讓人快樂又安心。你也許會覺得要對所愛的人保持忠誠，不想把他們或這段關係貼上「有毒」的標籤，結果就變成了自責。

自戀型關係的循環不一定是線性發生，不會一個階段接著一個階段。你可能在同一週，甚至同一天內就經歷到愛的轟炸／美化與貶低，或者在一開始的熱戀期過後，就再也沒有愛的轟炸，整天就只剩對你的貶低。美化、貶低和冷落這種小型的循環可能會一直重複發生。部分的人會發覺每週都在鬼打牆，絕對不是一次就結束的事。

愛的轟炸：虛假的童話

在你自己選擇的感情關係中，「愛的轟炸」就是一開始那種強烈到讓你暈頭轉向的追求，讓你完全看不見任何警訊。假設你認識了一個新對象，相處時光令你怦然心動，彼此交換了電話。隔天早上你收到簡訊：「寶貝早安。」這讓你覺得好開心。整天下來，你陸續收到好幾則訊息：「嘿，在想你。

根本沒辦法專心工作，腦子裡都是昨天晚上的畫面。」你感到飄飄然，也沒辦法專心。到了晚上，對方又問：「這個週末有空嗎？好想再見到你。」你答應了，依約前往一家高級餐廳吃晚餐，過程堪稱完美，宛如電光石火。

你們開始頻繁約會，你被他魅惑、受到追求。他的示愛可能愈來愈誇張，給你的關注愈來愈強烈，一切發展得很快。你們可能一起去旅行，或為了跟他相處，你取消了其他計畫。你覺得，好不容易等到了屬於自己的愛情故事。你們甚至可能開始討論未來的生活、結婚、小孩要取什麼名字。這就是美化的階段。

愛的轟炸其實是一種控制和操縱關係的洗腦過程，替之後的自圓其說鋪路：「昨天晚上好開心」、「對方太貼心了」、「不論是誰，偶爾都會發脾氣」、「他說那些話不是故意的」。愛的轟炸就是那個「鉤子」，讓你深陷其中。在這個階段，你會感覺對方渴望你、看見你、重視你（這些感覺當然很棒！）。即使是部分有害的行為，像是讓你跟朋友疏遠，都可能被美化成「想要兩人世界」或「想要黏在一起」。但最可怕的是，你會慢慢為了不失去這段關係，而犧牲自己的認同、喜好，甚至人生抱負，而且你對此渾然不覺。

這一切發生的當下，包括刺激感、親密感、大量關注、想一直跟你在一起的渴望，可能都會讓你分心，忘記最重要的是真正認識一個人，以及能安心表達自己的需求、希望和渴望。你被戀愛沖昏頭時，可能無法慢下來仔細觀察這個人、他的行為模式，或是自戀傾向的細微徵兆。在自戀型關係這場宛如「引君入甕」的遊戲中，愛的轟炸就是迷惑你的誘餌，利用你內心的傷口和希望。自戀者非常會把自己佯裝成你理想中的模樣，維持足夠久的時間讓你上鉤，然後才會變了一個人。自戀型人格的本質膚淺，讓他們很擅長做表面工夫。

在愛的轟炸階段，還可能會建立「若即若離」的有毒循環。自戀者可能一下子跟你密切聯絡、一下子又人間蒸發。如果你克制不主動聯絡，他們可能會一直找你，等你回應了，他們又沒消沒息一陣子。這就像是一場讓人滿頭問號的遊戲，你可能會開始分析每一條訊息，納悶自己應該怎麼回覆、揣測對方訊息的意思。他們終於回應時，你就鬆了一口氣或覺得開心不已。

當然，不是所有關係初期的浮誇浪漫舉動都是愛的轟炸，即使是健康的感情關係，一開始也可能很讓人心動和興奮。差別在於，如果你表達了自己的需求，像是在交往初期放慢腳步，自戀者可能會生氣，指控你不想要專一的關係。你可能會有罪惡感、懷疑自己，然後合理化不健康或不舒服的相處模式。相較之下，如果你的伴侶心理健康，你請他慢慢來，他們不會因此生悶氣或覺得忿恨。真正的浪漫是奠基在尊重和同理心之上，而愛的轟炸只是一種手段。

雖然典型愛的轟炸常被形容得很誇張又醉人，像是跳舞到天亮、精心準備的禮物、昂貴的晚餐或夜生活，但不見得每次都是如此。脆弱型自戀者的方式可能是聽他們訴說自己的失落，讓你想拯救他們；惡意型自戀者可能會不斷聯絡、占有慾強，把孤立你包裝成「我不能忍受別人擁有你」；衛道型自戀者可能會用他們拯救世界的計畫或靈性「覺醒」來打動你；自以為是型自戀者可能會讓你嚮往他們高度組織化、財務健全的「成熟」形象。每個人受到不同的特質吸引，我們從小聽的童話故事最後都是戀人們從此過著幸福快樂的生活。但自戀型關係才是「從此以後」真正發生的事。

我最常被問到的問題是：「約會時要怎麼辨認出自戀者？」答案是並不容易。如果你把剛開始約會的時間都花在找警訊上，你就會一直處於戒備狀態，錯過了真正認識新對象的機會。有許多人甚至沒有「何謂健康或不健康關係」的參考標準。更困難且更重要的是，自己要能在新的關係中展現真實的自己，並留意自己的各種感受，而不是把約會當成是「好玩」或遵守嚴格規則，重點是要替自己設下標準，並允許自己用符合這些標準的方式互動。[7] 也許最難的事就是真正了解自己是誰，以及允許自己展現真實的自我。

在這個過程中，有個環節是理解「真我」這個概念背後的意涵。真我就是要保持真誠、誠實，而且對於自己是誰、想要什麼感到自在。即使先天條件再好，這對大部分的人都很難做到。對於身處自戀型關係中的人來說，想要回到原點找出自己真正的模樣可能格外困難。

你也要記住，許多人會說感情中的問題往往一兩年後才完全顯現出來，沒有方法可以在頭一個月就迅速發現這件事，通常需要大約一年左右，才能真正看出問題行為的慣性，而那時你可能在這段關係中付出很多了。哎，就連諮商心理師都需要好幾個月才能確定案主的自戀型人格模式，所以當你回顧這段關係，想著為何「沒有早點發現」時，務必溫柔地包容自己。

對於愛的轟炸，重點是要記住，好好享受示愛，甚至渴望別人示愛，都不是件愚蠢的事或壞事，不要因為「墜入愛河」而貶低自己，渴望被需要和享受浪漫的舉止是人之常情。這種行為的傷害在於給了你藉口，讓你在關係變得不健康時，為對方找理由開脫。

愛的轟炸會發生在非戀愛關係中嗎？

我們通常不會用「愛的轟炸」來形容孩子與自戀型父母的關係，但類似的經歷確實存在。對很多孩子來說，父母只需要帶個小禮物、玩個遊戲、講個故事，或是打個招呼，這一點又一點的關愛或短暫的親密感，就可能成為美化的時刻，讓孩子長大成人後在關係中也習慣把「餵麵包屑」式的關愛當成滿足。有些孩子會遇到咄咄逼人的自戀型父母，不斷設法從孩子身上或透過孩子餵養自己（例如逼孩子在父母想要的運動上表現出色，好獲得旁人的讚美）。假如孩子不照父母的意思做，父母就會疏遠。這種互動模式可能導致孩子難以立下良好的界限，或是總是覺得必須表現得很完美、餵養父母的自戀，才能維持親子關係（這種模式可能會延續到未來的其他關係中）。

類似愛的轟炸的情況也會發生在成年人的自戀型關係中：家人可能會想方設法地拉攏你，只為了從你身上得到他們要的東西；潛在雇主可能引誘你進入對你不利的商業合作關係；朋友也可能為了人脈或金錢而巴結你。

歡迎來到5C牢籠

如果你正深陷自戀型傷害關係中，或即將掙脫而出，也許會問自己為何當初會被這個人吸引、為何接受這份工作，或為何還沒徹底與這個伴侶、父母、兄弟姐妹或朋友斷絕關係。聽好了，如果自戀者一開始就展現出缺乏同理心、暴怒和自以為有特權的心態，大部分的人根本不會與他們建立關係。恰好相反的是，自戀者會展現我所謂「5C 牢籠」，即能吸引任何人的特質，讓我們難以抽身。我們就來看看這個「5C 牢籠」。

- 親和力（Charm）：自戀者常常是全場風采獨具、最有魅力的人。這是誇大不實且呵護備至的面具，用來獲得認可。親和力就像是他們心理上的古龍水，用來掩蓋內心缺乏的安全感，呈現方式可能是各種恭維、講故事、短期關注和無可挑剔的禮儀。
- 感召力（Charisma）：當親和力好像磁鐵般讓所有人目不轉睛，那就是感召力。感召力強的人可能看起來很有遠見、非常有吸引力，或單純是傑出的表演者。

- 自信（Confidence）：自戀型傲慢、自認為有特權、扭曲的自尊和尋求認可，可能會綜合成為對自身能力看似非常自在和有把握的人。健康的人往往比較謙虛，所以當你看到總愛炫耀自己所知所有的人，可能會誤以為對方有真材實料（這點在所難免）。
- 外在條件（Credentials）：自戀者追求地位，可能會透過「外在條件」，例如菁英教育、高級地段、光鮮亮麗的工作、四通八達的人脈、智商、有錢有權的家世，或單純看起來很「潮」。我們可能會把這些外在條件誤以為是一個人的品性，而低估了那些真正重要的「條件」，像是智慧、善良、尊重、溫柔、同理心、謙卑和誠實。
- 好奇心（Curiosity）：自戀者可能會對你投以濃烈的興趣，讓人難以招架。在關係建立的初期，他們可能會問很多私人的問題來了解你，但真正目的是蒐集以後可能有用的資訊，像是你的資產、人脈、心魔和恐懼的事物。對於很少被真正聽見和看見的人來說，可能就會受到自戀者表面上的好奇心所吸引。

貶低階段：揭開自戀型傷害的序幕

當你完全投入這段自戀型關係的那一刻，就會有宛如聽到「咔嗒」一聲的轉換。也許是你說了「我愛你」、也許是你同意同居、接受某份工作、參加家庭聚會。在愛的轟炸開始後的四週到六個月之間，難免會迎來終局，這通常是自戀者覺得「擁有」你之後的事。你可能抗拒這段關係很久，可能很精明地知道這種愛的轟炸看起來太完美了，然後在你以為做好對方的身家調查、滿足於現況時，貶低的階段就開始了。

從愛的轟炸轉換到貶低可能是漸進發生，但仍然會讓你措手不及。自戀者可能開始拿你和別人比較，或是漫不經心地提起別人說的話，像是「我朋友都覺得你要求太多了。」那些原本看起來只是若有似無的警訊，現在變得再清楚不過，但因為你已深陷其中，就更加難以抽身。

在貶低階段，自戀者美化的形象會慢慢褪去。你可能用盡一切努力，像是改變外表、試圖用言行打動他們、遷就他們每次的心血來潮、放棄對自己重要的事、替他們的家人跑腿、賺更多錢等，只為了再度持續得到他們的關心，有時還會故意玩「欲擒故縱」的把戲，希望重新喚起先前的追求感。我在自戀型父母的倖存者身上觀察到，有些人回憶說，一旦他們不再像小時候般可愛、乖巧或上鏡，親子關係就會進入貶低的階段。值得一提的是，對部分案主來說，當他們剛進入成年期，可以做父母喜歡的事（運動、旅行、在家族企業工作）時，父母又會對他們表示關心，只是貶低感從未完全消失。

前文提到各式各樣的警訊和惡性循環，你也許會納悶：「為什麼一出現被貶低的情況當下，大家不會馬上脫身呢？」

因為你會一頭霧水。你並不是機器人，無法單純分析完警訊後，就立刻轉身跑走。你愛上或欣賞一個人時，就會希望維繫這段關係。在新的關係中，你希望給彼此一個機會；在長期關係中，則會念在過去的舊情。讓人難以抗拒的不只是自戀者本人，還有愛、熟悉感和希望。

冷落階段：我走不下去了……

冷落階段就是字面上的意思：若不是自戀者受不了你，就是你受不了對方。這不代表關係一定會結束，但關係已失去原本的意義。舉例來說，自戀者可能會出軌，以及和別人有不當訊息往來，但又不算跟你正式分手。他們可能會接下一份工作卻完全不考慮你的感受，逼得你放棄自己的生活跟隨對方，不然就只能被對方拋下。自戀者也可能對你失去興趣，開始過著與你沒有交集的生活，迴避親密關係，讓你感覺像個透明人。你也可能會主動疏遠對方。

在這個階段，你或許會有所覺悟，也許去找心理諮商，或是看影片、讀書，想要與對方保持距離。這很可能會引發新的關係混亂，因為自戀者不僅可能對於你刻意疏遠和拒絕大為光火，還可能會想方設法吸引你回來（讓你覺得更加混亂！）。在冷落階段，你可能會遇到情感傷害加劇、赤裸裸的輕蔑態度、更嚴重的扭曲認知。自戀者追求的是新鮮感，所有關係對他們來說最終都會變得乏味。務必要記得，這不是你無趣，而是他們對所有人都會感到無聊和輕蔑，因為他們所處的世界永遠都無法滿足。他們希望生活能像萬花筒一樣，輕輕鬆鬆、受到肯定且玩得開心。

在原生家庭中，自戀型父母的「冷落」可能發生在以下情況：父母離婚後，認識新伴侶或再婚，對你失去興趣；你到了某個年齡，父母就對你嫌東嫌西；弟妹出生後；父母職涯有重大轉變，與家人疏離。在這個階段，你可能會清楚感受到自戀型父母不想被任何家人打擾。父母不再將你視為獲取關注和情感「餵養」的來源時，也可能會進入冷落的階段。

如果你設法要求自戀者為冷落階段的行為負責，對方很可能會扭曲你的認知。舉例來說，如果你知道對方出軌，因而表示打算結束關係，他們可能會說：「我不希望我們的感情斷掉，也不想拆散家庭，這都是你的錯」，然後完全不承認自己出軌的責任。自戀者很在意對外的形象，不希望自己被當成喜新厭舊的渣男（像是無縫接軌新戀情，還對外堅稱前後任的交往沒有重疊）。他們也很擅長扮演受害者角色，可能會期待你扮黑臉主動離開，這樣他們就可以拍拍屁股走人，然後說：「是你拋下我的喔」、「是你提的離婚喔」，或是「是你不理我喔」。

在冷落階段，兩人在關係中可能想死馬當活馬醫，出現道歉、央求、討好的行為。你可能會拼命維繫這段關係，因為覺得自己付出了太多時間、精力、心神和金錢，也許會想最後再奮力一搏，像是展開伴侶諮商。但遺憾的是，時間不等人，投入再多時間和力氣也無法追回逝去的時光。

糾纏階段：我最近好想你喔，我們重新開始吧！

在經過貶低和冷落的階段後，通常會進入「糾纏」階段。無論自戀型關係結束的原因為何，自戀者最終都會像吸塵器一樣，想方設法把你吸引回去。對他們來說，關係就是為了要獲得控制、餵養和情緒調節。自戀者死纏爛打是為了重新獲得你的「餵養」，特別是當你剛提出分手或主動疏遠時，看起來就會特別有新鮮感。

自戀者不只對情侶使用這招，也會糾纏成年子女、親戚、前同事和任何他們覺得不在控制範圍內，或有利用價值的人。如果他們感到孤單或需要陪伴，就會把你吸引回去。如果看到你過得開心或成功，他們就想把這些好處攬過來。你沒有他們卻過得幸福快樂，代表他們沒有支配你，而糾纏正是要重新奪回主控權。如果你上當了，就又開始惡性循環了。

糾纏階段出現的刺激感，很容易就會誤認成愛情、緣分或是命定之人。當自戀者努力把你拉回關係中，通常會有效果，因為他們依然擁有親和力、感召力和自信。他們或許會利用自身的受害者姿態來讓你產生罪惡感，例如：「我媽拋下了我，現在你也要拋下我了。」他們也會利用假道歉，像是「很抱歉你有這種感受」，根本不承認自己傷害了你。因為死纏爛打利用你想受到疼惜的願望，所以自戀者回過頭來找你，可能比最初愛的轟炸更有吸引力。

在自戀型關係中，一旦「糾纏」階段來臨，通常需要的改變已昭然若揭。也許他們需要停止出軌、停止貶低你、停止侮辱你的朋友和家人，或單純是要給予更多陪伴，不要像以往那般傲慢又自以為是。你可能長期以來都試過要求他們改變、具備同理心或至少要有所覺察，但終究是灰心放棄了。然後，自戀者由於具有遭到拋棄的敏感度，加上不服輸的本性，以及對控制和外在觀感的需求，就會做出你一直以來期待的承諾：「我會改變。」他們也許會主動提議去進行心理諮商、上情緒管理課程，或是每晚讓你檢查他們的手機。你覺得自己的話終於被聽進去時，可能會因此感到無比振奮。有一陣子，他們看起來似乎真的改過自新，而正當你鬆一口氣，把分手或搬出去的念頭擱置一旁時，他們自戀的模式又逐漸故態復萌。換句話說，他們用「虛假承諾」這個手段把你拉回關係中，這就是「糾纏」。

原本那些警訊依然存在，親和力和感召力也依然明顯。但在「糾纏」階段，你可能會覺得委屈獲得平反，彷彿自己終於「夠好」了，值得對方聽見，彷彿自己是自戀型關係中的特例。接著，你瞬間又回到關係中，只不過這次當情況再次變糟時，你可能更會覺得自己愚蠢、更容易陷入自責的循環。

並非每段自戀型關係的循環都會經歷「糾纏」階段，有時自戀者會找到新的「餵養來源」，例如新的戀情、工作、居住環境或名氣等，因此他們的需求獲得滿足（不過，一旦新的餵養來源沒了，他們可能又會開始找你）。如果他們背叛了你，可能會刻意躲著你來逃避羞恥感。這段關係可能會陷入僵局，他們的自尊心太強，會等待你先主動聯絡。只要你偶爾傳簡訊或在社群媒體保持聯絡，就等於在為他們提供足夠的「餵養」。有時，「糾纏」甚至會在關係結束多年後才發生，我就聽過分開十年後才回頭「糾纏」的案例。值得慶幸的是，屆時大部分的人早已展開新生活，但如果你不了解「糾纏」是怎麼回事，就可能再次陷入愛的轟炸陷阱。

你要記住，被對方「糾纏」並不代表你「夠好」，也不代表自戀者真的需要你。「糾纏」反映的是他們的需求，是為了獲得認同、控制或你能帶來的任何方便，甚至是為了阻止你展開新生活。在你療癒的過程中，沒有被「糾纏」反而是種福氣，不被「糾纏」就像是快刀斬亂麻：一開始很痛苦，卻是療癒的關鍵。

創傷羈絆：受困在自戀型關係的原因

我們常常以為處於低潮、失戀療傷中或缺乏安全感的人，最容易陷入自戀型關係。但事實不見得如此。阿莎遇見戴夫時並不孤單、脆弱或需要被呵護，她當時生活過得很自在。她喜歡上戴夫，不只是因為他誇張地示好，也是因為他展現了脆弱面。她看到了不少警訊，明明戴夫人前人後是兩個樣子，她卻開始慢慢調整自己，想要穩定他的心情、贏得他的心，進而維繫這段關係。

想理解為何我們會自虐般困在自戀型關係中，不僅僅是要剖析自戀型人格，還要承認面對這類互動的普遍反應。我不認同許多人把陷入惡性循環的我們，稱作「願打願挨」或「成癮」，真相並非如此。只要有同理心和正常的認知功能，並且受到社會和文化規範所影響，陷入這種關係並不讓人意外。自戀型關係就像是暗潮，即使你拼命游開也會把你拉回來。正是因為這種濃烈的張力、關注和起起落落的情感，你才會游到暗潮所在之處。傷害行為會促使你想要游離暗潮，但離開的罪惡感和恐懼，加上離開可能帶來的現實問題（財務、安全、文化、家庭等面向），以及人性受到依附、連結和愛的自然驅使，都會讓你遭暗潮捲入。

自戀的暗潮是由創傷羈絆所創造。常有人誤以為「創傷羈絆」（trauma bonding，也譯作創傷束縛或創傷綁定）這個詞是有相似創傷經驗的人之間的連結，但實際上是指在充滿傷害和混亂的關係中形成的難解連結，並在未來的關係中一再複製。在自戀型關係中，創傷羈絆是一種深層且讓人昏頭的愛或連結感，阻礙你清晰地看見關係中的毒性循環。[8]沒有人是因為自戀型關係的暴力和痛苦而留下，把成年的自戀型關係倖存者形容成「受虐狂」或「貪圖懲罰」既不準確且不公平。美好的時刻才吸引著你，讓你想要盡力維持；糟糕的時刻則充滿混亂和不安。

自戀者往往掌控關係的「情緒溫度」，當他們處於順境或設法贏回你的心，你可能會經驗數週，甚至數個月的美好時光。然而，當他們覺得沒有受到肯定或內心不安時，關係就會墜入否定、憤怒、操縱和扭曲認知的深淵。時間一久，糟糕的日子反而成為好日子即將到來的預兆，甚至連糟糕的時候也讓人抱持某種期待，這種心理更加牢牢束縛著你，讓你更難以清楚地把糟糕的時刻視為警訊。遺憾的是，這也導致好日子不再純粹，而是籠罩著隱隱的不安感，彷彿風暴隨時都會來臨。

創傷羈絆的關係可能有兩種不同的起源：源自童年關係與源自成年時期。童年與自戀型父母相處，代表凡事難以預測、混亂，而且愛有附帶條件。自戀型父母根本無法將孩子視為一個有獨立需求、認同和人格的個體，而孩子又無法直接開口要求。於是，在創傷羈絆關係中成長的孩子學會：合理化父母既否定且缺乏關注的行為、無法處理或承認那些行為是「錯的」、保守秘密、責備自己、否認自己的需求、為了生存將父母加以美化（因為孩子無法離開父母生活）。

當這些處於自戀型父母傷害關係中的孩子試圖立下界限或表達需求時，常常會發現父母不是對他們冷暴力、就是表現得像受害者，讓他們覺得被拋棄或有罪惡感。結果，孩子發現自己必須扮演照顧者的角色，去迎合受傷父母的需求，同時壓抑自己的需求。

經歷這種被否定的童年會導致關係模式的固化：需要跳過重重關卡才能贏得愛、表達自身需求就會有罪惡感、相信傷害和否定是愛的一部分，並且因為無法建立健康依附關係而產生恐懼和焦慮。此外，好日子和壞日子輪流出現，代表這些循環不僅常態化，自責還會延續到成年關係中。創傷羈絆就是在成年期接受和常態化這種循環，並且相信只要沒有這些關係動態，關係本身就缺乏「火花」，最終可能帶來有害的既視感。

當你處於創傷羈絆關係時，可能會對關係結束或失去對方產生本能的恐慌。即使你的理智告訴你這樣並不健康，你還是可能會有無法離開對方的強烈生理與情緒感受。到頭來，自戀者的親和力、感召力和自信引誘我們進入關係，但創傷羈絆卻讓我們難以脫身。

當然，不是在成年期經歷創傷羈絆循環的人，都一定是在複製童年創傷。對很多人來說，是成年時期才遭遇自戀型關係。充滿魅力的攻勢，加上眾多對於童話故事的外界觀感，以及愛情就是要濃烈、拯救、犧牲、驚天動地、熱情滿滿、「千載難逢」或讓人招架不住的印象，可能會讓人掉進陷阱，進而在混亂的成年關係中產生心理認同。成年初期的創傷羈絆循環通常較屬於理性認知，而不是原始本能。你希望感情能走下去、也愛這個人，這段關係也許滿足了你某部分的重要需求，就像是玩吃角子老虎：你努力堅持，認為大獎遲早會來，暫時靠著零星的小獎撐著。因此，對於在成年時期才出現創傷羈絆的人，認識這些循環有助於療癒，而童年就開始的創傷羈絆需要更深入的創傷知情治療工作。童年形成的循環可能造成更深層、更難打破的創傷羈絆，但無論在人生的哪個階段出現，都是極為辛苦的互動模式。

·創傷羈絆關係的十大常見模式·

1. 為傷害與否定別人的行為找藉口。
2. 相信對方的虛假承諾。
3. 陷入無止盡的衝突、反覆分手又復合、不斷重複相同的爭吵。
4. 把關係形容的如夢似幻、玄妙或命中注定。
5. 害怕關係結束後難以承受。
6. 成為自戀者的「萬能服務中心」。
7. 隱藏自己的真實感受和需求。
8. 對外辯護這段關係，或刻意掩飾毒性的互動模式。
9. 因為自己對這段關係有負面念頭而產生罪惡感。
10. 害怕衝突。

自戀型人格造成的傷害，其實主要來自於行為模式，而非自戀這件事本身。自戀者會用否定別人與防衛機制，像是誇大事實、自視甚高來掩蓋內心缺乏安全感，並藉此獲得控制感和權力。有時，他們也會展現親和力、感召力，甚至同理心，但這些都是為了讓自己感到安全與肯定。這樣反覆無常的循環，都會讓倖存者倍感混亂。在這段關係，你可能仍然深愛、在乎、欽佩對方或想要保持情感上的連結，但對方就是不願意正視你的需求和期待，把你當成附屬品。他們會不擇手段地維持掌控和支配，這種感覺一定很痛苦。自戀型傷害常常會讓你以為，問題可能出在自己身上。但一般人遇到自戀型傷害的反應都很類似：凡是身邊有自戀型人格的伴侶、家人、朋友或同事，都會出現類似的念頭、感受、行為和衝擊。自戀型傷害的倖存者會一再反省：「也許他說的是對的，也許真的是我的錯，也許是我有問題。」

問題不在你身上。接下來的章節會說明自戀型關係所造成的影響。

第 3 章

自戀型關係造成的影響

走出毒性關係第一步：認知「錯不在你」

痛苦很重要：我們逃避它、臣服它、面對它，最終超越它。

——奧菊．羅德（Audre Lorde）

潔亞和萊恩同居已經一年了。剛開始交往時感情還不錯，但過了幾個月，她每天晚上都得聽萊恩抱怨他的老闆，萊恩卻從不關心她在診所忙著看診有多累，還說她「每天就是開同樣的處方箋」。凡事只要有一點不順他的意，萊恩就會暴怒不已，這讓潔亞戰戰兢兢。後來萊恩丟了工作，他雖然宣稱這「對他不公平」，卻沒有提出訴訟。潔亞後來才發現，其實是因為他騷擾同事、對客戶態度惡劣，還常常曠職才會被開除。

他們的關係模式很固定：兩人激烈爭吵，萊恩甩門而出，潔亞鬆了一口氣，沒幾天又開始恐慌，萊恩一聯絡她，她便不去追究責任，接受他空洞的承諾。潔亞開始覺得心累，自己好像萊恩的母親，而不是伴侶。她滿腦子都是萊恩說過的謊言與背叛，還有他不斷向她借錢，卻只顧著花在自己身上。她希望萊恩能為自己的行為負責、希望他能道歉。她發覺自己工作時心不在焉、不相信自己的判斷力，有時，甚至焦慮到去診所路上會突然恐慌症發作。

她反覆糾結著這段關係，猶豫是否要徹底分開彼此的財產，也不確定是否要分手。她其實還受到萊恩的魅力所吸引，也害怕再次約會，指望萊恩創業的想法奏效，然後可能一切會有所轉變。她的睡眠失調、食慾不振、常常生病，在工作上也變得好辯，這些都有損她的工作表現。她自認太過丟臉，不敢和朋友聊這些事，感覺無處求援。她覺得相當自責：「要是我多多陪伴他，下班後不要鬧脾氣，他是不是就會變好？可能是我不夠努力，我太隨便了，也許我沒有說對話。」有時，她好希望打從當初就不認識萊恩，揣想著自己為了這段感情放棄了多少機會；有時，她就連起床工作的力氣都沒有。

假如身處自戀型關係的人都拿出一張紙，寫下這類有毒行為對自己的十大影響，我們再把大家的結果交叉比對，就會發現這些影響十分相似。那種持續的焦慮和內耗不是你本身的軟弱，也不是空穴來風，而是你忍受反覆無常情感傷害的結果。自戀行為的後遺症影響著你的思考方式，以及與世界互動的模式。這有時跟經歷創傷後的反應有所重疊，可能會改變你對自己的觀感、影響你如何與自己對話，也會衝擊你的情緒反應、行為模式和身心健康。你身心運作的每個面向都會受到影響，自戀型傷害的壓力會大幅改變你和你的世界觀。

目前在討論自戀型人格時，往往太專注於理解自戀，這卻對倖存者有害無益。重點不是辨認出誰是自戀者，而是明白何謂不可接受的行為，以及這類行為對你造成的傷害。在我多年諮商倖存者的經驗中，我發現，大部分的人在關係中遭遇毒性行為只要好好被看見，身心狀況都會顯著好轉，此刻才能開始擺脫自責、踏上療癒之路。

一旦自戀者離開你的生活，表面上的壓力與衝突可能消失，但你內心的困惑、自責、悲傷和憤怒卻常常揮之不去。舉例來說，一位在傳統文化中結婚五十年的女性，面對年紀較長的自戀型先生，可能會說：「我不可能一走了之，不然罪惡感和污名的壓力太大了。」甚至就連先生不在家，她覺得比較放鬆時，都會有罪惡感。像她這樣的處境，真的有辦法療癒嗎？當然可以！清晰的思考架構可以徹底改變一切。你可能會因為親友的行為而感到難過或憤怒，卻又因為懷抱這些感受而有罪惡感。這就代表創傷羈絆有多深，彷彿對方朝著你大吼、情緒勒索你時，你還會因為焦慮而覺得自己是壞人。社會總是告訴我們要堅強、要放下，但沒有人能「說放下就放下」。

本章會說明自戀型關係對你的影響，從憤怒、焦慮、自責、羞恥，一直探討到絕望、憂鬱，甚至恐慌、濫用藥物和創傷壓力。認清自己忍受這種自戀行為後感到困惑、痛苦是人之常情（我會說是再正常不過的事），正是走出陰霾的關鍵第一步：問題不在你身上。

自戀型傷害究竟造成什麼影響？

這段經驗通常會經歷幾個階段。這些階段代表了你對這些關係可能會有的不同反應。一開始，你可能還能保持自我，認為關係要平衡且對等。但漸漸地你會發覺情況開始惡化，設法想理解這段關係，卻又沒有參考框架可供依循。了解這個過程有助於減輕自責，你會明白自己內在原本良好的特質，像是同理心、責任感、對愛與依附的渴望，正被這種自戀型關係的控制與傷害所侵蝕。

第一階段：堅守立場

把倖存者說成是「膽小鬼」其實是一種誤解，許多人在交往初期都既強勢又有自信。在第一階段，你可能還不知道自己遇到了什麼樣的人，所以在你的真實經驗遭到否定時，你會直接反抗，可能會指出對方的問題，要求他們對自己的行為負責。但很快地，你內心開始滋生困惑。有時你真的很享受跟自戀者相處，有時卻感到可怕和受傷，其中的矛盾讓你不知所措。由於自戀者扭曲你對現實的認知，直說問題出在你身上，導致你開始責怪自己。如果你面對的是自戀型家人，可能會一再為了相同的事爭吵，同時喚起童年的混亂感。你對這段關係付出愈多，就愈不敢反抗對方的行為。

第二階段：我做錯了什麼嗎？

扭曲認知和否定的感受開始蔓延，你的焦慮加劇，但最明顯的是，你開始覺得自己可能也有責任。在這個階段，你可能會不斷回想在關係中發生的事，反覆在腦中播放自戀者所說的話，設法合理化他們的行為。你也許為了維繫感情而努力改變自己，主要方法是討好自戀者，拋開自己的需求不斷妥協。這時，你可能會感到更孤單、困惑，或對於自戀者人前人後的落差倍感憤怒。你可能還有辦法應付生活、工作、學業，許多人甚至不會注意到你的異狀，還可能覺得你們的感情很好，因為只看到對方精心維持的「表象」。有些人在這個階段就毅然選擇離開，但許多人可能會卡在這個階段一輩子。

第三階段：絕望

在這個階段，你可能已放棄自己了，凡事都怪罪和質疑自己，變得難以做決定，甚至發現憂鬱和焦慮已嚴重影響生活。你的工作、學業和其他關係可能都出現重大問題，健康也每況愈下。你陷入無止盡的內耗，導致注意力無法集中；更慘的是，周遭親友可能不再展現支持，甚至從你生活中消失。這個階段的你極度孤立，即使跟人相處，也會擔心他們無法真正理解你的完整經驗。你可能完全歸咎於自己，或根本看不到未來的路。

在這個階段，你可能會覺得自己變得好陌生，或以往對未來的夢想和希望有大半都破滅了。你可能會經歷恐慌，甚至出現創傷後壓力的典型反應，包括逃避、噩夢、過度警戒。並非每個人都會這麼嚴重，但如果來到這個階段，專業諮商就變得格外重要。

·自戀型傷害的後遺症·

內在信念

- 反覆糾結
- 懊惱
- 美化回憶（只記得好的部分）
- 無助
- 絕望
- 無力
- 混亂
- 完美主義
- 罪惡感

外在體驗

- 孤單
- 難以信任其他人
- 孤立
- 羞恥感

嚴重壓力反應

- 創傷重現
- 過度警戒（提心吊膽、草木皆兵）
- 神經緊繃（不安、受驚）
- 難以專注
- 麻木後抽離（例如精神恍惚、瘋狂工作、沉迷於有害行為）

自我認知與責任感

- 害怕獨處
- 懷疑自己
- 貶低自己
- 怪罪自己
- 憎恨自己

情緒狀態

- 憂鬱
- 悲傷
- 易怒
- 自殺念頭
- 焦慮
- 冷漠（什麼都不在乎）
- 缺乏動力（什麼都不想做）
- 失樂症（曾覺得愉快的事不再讓人開心）

應對關係的方式

- 討好
- 安撫
- 道歉
- 自我審查
- 自我否定

這段關係對健康的影響

- 睡眠問題
- 身體健康問題
- 自我照顧不足
- 疲憊／心累
- 不良的因應機制

無法好好生活的互動模式

自戀型關係在你的腦海中揮之不去，讓你無法好好生活。這個狀態可以用「3R」來解釋：懊惱（regret）、反覆糾結

（rumination）和美化回憶（euphoric recall）。

這些是所有倖存者都會有的心路歷程，會讓你陷入有害的互動模式，即使離開關係後依然飽受困擾，不斷挑起你的自我懷疑與自責。

懊惱

懊惱可能會連結到自責（「為什麼我當初沒注意到那些警訊？」「為什麼我當初沒有更努力？」）、環境（「為什麼我的父母是這種德性？」），或是時間（「為什麼我待在關係裡那麼久？」「為什麼當初沒早點看清楚？」）。常見的懊惱包括：

- 懊惱建立這段關係
- 懊惱關係無法改善
- 錯失機會
- 錯失快樂的童年
- 對自己孩子造成不良影響
- 沒有早點離開
- 沒有想更多方法「修復」關係
- 懊惱關係結束

親密關係或是摯友情誼可能會造成更深刻的懊惱，因為你會覺得選擇這個人或沒早點看清楚是自己的責任。這像是懊惱的兩難：你也許會害怕留下來後關係不會改變，卻也害怕離開關係後覺得可惜，因為自戀者可能會有所改變，等於便宜了新對象。你可能會夾在兩種恐懼之間：離婚後擔心對孩子造成傷害，又害怕留下來浪費更多時間，讓孩子眼睜睜看著自戀者在不健康的婚姻中死性不改。

如果你從小生長於自戀型家庭，可能會覺得種種遺憾無法彌補。你也許會懊惱錯過了發展時期中關鍵的社交和情感需求，也懊惱從未真正展翅高飛，只因為總是覺得自己不夠好。你可能會懊惱從未有人鼓勵你勇於追夢，或是即使成年後仍然缺少無條件接納自己的安全避風港。你也可能會懊惱從未擁有良好關係的榜樣。在職場上，你也許會懊惱替自戀老闆或恩師賣命，對方反而扯你後腿或打亂你的職涯規劃。你可能會懊惱多年來盡心盡力，相信自己的努力會有人發現，但最後卻是構想遭竊取或忽視，由自戀者的幫凶所取代，最終危及自己的職涯和收入。

反覆糾結

自戀者的行為太讓人匪夷所思，害得你常常會陷入「思緒迴圈」（thought loops）中，設法理解這些關係。在我每個月的療癒課程中，參與者投票表示，他們最覺得困擾的問題往往是反覆糾結。在關係中扭曲認知愈多，關係結束後就愈容易陷入反覆糾結，遭遇重大背叛時更是如此。懊惱也會強化反覆糾結，因為在面對這些關係時，常常會深陷於那些懊惱之中。反覆糾結會讓你從生活中抽離，因為基本上你的雜念停不下來，所以會錯過很多事。這就像是重複懲罰自己：不僅要難受地一直想「無法解決」的問題，還會錯過生活中美好的部分，像是親朋好友、個人嗜好和其他有意義的活動。反覆糾結也會阻礙你建立新的關係與體驗。你會發現，自己沒辦法談論或思考其他事了。久而久之，你可能開始跟親朋好友決裂，因為他們受不了一直聽你說重複的事。

在自戀型關係中反覆糾結，代表你會不停重播對話、重讀電子郵件和簡訊，思考自己該說卻沒說的話、該做卻沒做的事，只看見自己相信犯下的「錯誤」。這種關係就像是設法戰勝和智取對方，你可能會滿腦子都是「戰術」上的失誤（「我回簡訊太快」、「我應該等久一點再回電」、「我真是不該問那件事情」），或是回想關係中美好的時光，但願一切能回到從前。每當關係告終時，一般人往往會執著於事後檢討，反覆糾結於每個細節、試圖理解對方的行為。如果關係結束後，自戀者有了新對象，你的念頭可能會集中在「他的現任身上有我缺乏的東西嗎？」和「他真的會改變嗎？」

在你的原生家庭裡，反覆糾結可能會以兩種形式出現：首先，你可能會不停地回想童年時種種遭到否定、拒絕、忽視的經歷；其次，如果你現在還跟父母或家人保持聯絡，可能也會對當下的談話、扭曲認知和否定胡思亂想。你可能會希望這次的對話或事件會有所不同，但事後又會陷入思考哪裡出了問題。職場上反覆糾結會讓你徹夜難眠，也會分散你對生活、朋友和家人的注意力。你可能無法不去胡思亂想，想著老闆偏袒自己人、想著認知被扭曲、想著各種挑撥離間，或想著沒你認真的同事居然受到上司提拔而忿忿不平。

反覆糾結可能會導致「腦霧」（brain fog）狀態。這其實十分常見，是你遭受自戀型傷害所產生的混亂和長期情緒壓力的產物。只要提醒自己不要去「扭曲自我認知」，也不要因為覺得自己思考不周就把自己當成是「問題」。

美化回憶

3R 的最後一個 R 是回憶，更具體地說是「美化回憶」，意思是刻意挑選關係中的美好回憶。即便經歷了多年的否定，你可能還是能回想起很久以前，某次假期吃過的美好晚餐。美化回憶會讓人難以從自戀型傷害中復原，因為這會阻礙你以平衡的觀點看待這段關係，導致你扭曲自己的認知，懷疑自己的真實感受（「也許他的行為真的沒有那麼糟，是我自己太大驚小怪了」）。美化回憶不僅是自戀型傷害的後遺症，也是雙方用來合理化這種行為的藉口。

在親密關係中，一開始可能會想要美化回憶。你可能真的很希望這段關係能順利走下去，所以只專注看美好的部分，忽略種種警訊和貶低的行為。經年累月下來，自戀行為逐漸累積，美化回憶可能會讓你難以清楚地看待這些關係、立下界限或是脫身，因為你迷失在選擇性的美好回憶中。在家庭中，美化回憶常常發生於你只想記起家庭和童年理想化的一面，也許會把家人關係說得很親近，只去回想童年的露營經驗或某個烤蛋糕的下午，忽略了情感操縱和長期否定。這種美化回憶成了一廂情願，刻意逃避清楚看待家人關係帶來的悲傷和痛苦。

美化回憶結合了否認、希望、辯解和扭曲，回憶美好時刻本身並不是壞事，除非這讓你陷入有毒的慣性和自責的循環。

自責

「是我的錯嗎？」幾乎每個遭受自戀型傷害的人都有這樣的心聲。你在釐清自戀行為造成的混亂時，最後常常怪罪自己不好才會被傷害。許多人可能經歷了一輩子，甚至世代之間的自責循環。自責是多種動態的交集，內化了扭曲的認知、設法理解發生的事，以及努力想獲得主導權（如果是我的錯，我就可以彌補）。自責代表你可能會受到兩次傷害：一次是在關係中遭受自戀行為的傷害，一次是相信自己才是犯錯的人。這會讓你難以看清情況、尋求必要的幫助，更可能會讓關係持續下去，畢竟如果是你的錯，你會努力嘗試修復。自責可能會讓你陷入多年的心理自我傷害循環。

為何倖存者會覺得在關係中遭遇的事是自己的錯？這是童年殘留的慣性嗎？還是保持主導權的一種方式？或因為兩性專家力推「感情雙方對於關係發展負有相同責任」的說法，認為只要安排約會之夜和練習感恩就能扭轉局面？究竟是相信自己有錯比較容易，或是相信身邊親近的人，無論是父母、伴侶、配偶，甚至成年子女，居然能做出如此殘酷的行為，不如將責任歸咎於自己反而更容易令人接受？或是我們在知道對方的成長背景後，認為這足以說明了他們這麼做的「理由」，因而感到愧疚呢？

以上問題的答案全部都是肯定的。如果你經歷過童年的自戀型傷害，自責就是一種生存策略，這是維持對父母的理想化形象，並且滿足基本依附需求的方式。大部分的兩性關係專家都會建議，運用看著對方說話這類小技巧就足以讓溝通更順暢。聽多了這種說法，你就會開始自責，懷疑是否溝通得不夠清楚。自責是為了自我保護，只要背了黑鍋，你就有機會迴避衝突、躲掉扭曲認知。

你可能還會因為自己萌生負面或不忠的想法而有罪惡感，比如「我真的很討厭我爸」、「我兒子太可怕了」、「我好恨我的先生」或「我妹根本就是自私的混蛋」。最後，你會批評自己居然有這麼可怕的念頭（「天啊，也許問題出在我身上吧，也許他們感覺到了，這段關係會變糟糕都是我的錯，該不會我才是自戀的人吧？」）。你內化了自戀型關係的特質，改變了自我對話的方式（「都是我的錯」、「可能我就是太敏感了」、「我什麼都做不好」）。

理解自戀型關係中自責的一個重要線索，是來自珍妮佛・弗雷博士有關「盲視背叛」（betrayal blindness）的研究。[①] 根據她所說，這個詞是「一般人對於背叛展現渾然不覺、毫不知情與遺忘的狀態」。基本上，盲視背叛的人可能會看到伴侶手機上明顯出軌的簡訊，甚至可能會在直接對質後遭到對方扭曲認知，然後重回日常生活，不去整合有問題的簡訊，因為完全釐清這件事就代表要改變自己對伴侶的看法。這在孩子經歷的背叛創傷中更加明顯，因為孩子必須保持扭曲且美化過的父母形象，才能獲得安全感和依附感，正視父母的缺失會在內心造成可怕的衝擊。我們視而不見，才能維繫現有的關係、世界觀，以及社會和體制。②簡單來說，盲視背叛讓我們得以維持自己與所愛親友的依附和連結。

我們選擇把這些「讓人難堪的背叛」推到一邊時，這樣的「方便」其實是有代價的。「盲視背叛」也代表即使我們沒有正視這些問題，內心其實也早意識到這些背叛的存在。專門研究邪教的專家珍賈·拉里奇（Janja Lalich）博士說，這就像我們腦海深處有個「置物架」，一旦關係中累積的傷害和情感傷害行為到達臨界點時，這個架子就會垮掉，我們也會被迫正視這些累積的背叛和傷害。③在架子垮掉之前，習慣「盲視背叛」的人，往往會開始責怪自己（「可能我是不夠體貼的太太？」、「也許我是一個壞孩子？」同時伴隨著焦慮、恐慌、孤立感和混亂等負面心理狀態。

自戀型關係中的一大陷阱就是，自戀者其實真的認為自己是好人，他們妄想般誇誇其談、自認正直和擁有道德操守。如果他們能逢人就大方承認：「欸，我就是個混帳東西，我覺得凡事都應該看我的臉色，你就接受這個事實吧！」那反而簡單得多。這樣一來，他們表現出糟糕或控制欲時，你可能會有點氣惱，但至少不會太意外，也不會因為他們的行為而自責。這些關係本質上非常不對等，你希望得到連結和依附，但他們卻是追求控制和自私，完全是兩套遊戲規則。結果，他們投入的情感遠遠少於你，但從中獲得的好處卻多得多。

自戀者往往深信自己善良、溫暖且有同理心，甚至覺得自己非常了不起，如果你的自我價值感已夠低了，就更容易怪罪自己（「他們覺得自己很優秀，我並不覺得自己很好，會不會真的是我的問題？」）。一旦這段關係快撐不下去時，自戀者通常會突然給你嘗點甜頭，例如安排一趟度假、完成你期待多年的事或向你在乎的人伸出援手。可惜的是，這只會加深你的自責，讓你覺得自己不知感恩，理應要看到自己「有多幸運」。

這種關係的動態讓我們習慣自責，而創傷羈絆更是如此。在童年時期，自戀型父母會利用孩子的依附需求，讓孩子內化父母的罪惡感和羞恥感（例如「媽媽，都是我的錯，對不起」），時間一久，孩子會忽略自己的需求，甚至成為自戀型父母的情緒保姆。罪惡感、羞恥感和替人背黑鍋的習慣內化後，未來在所有關係中都會像膝躍反射出現。[4]畢竟，孩子無法和父母「分手」，只能被迫適應這樣的有害環境，而適應的方式就是自責。

・自我責備的話語和行為・

你會說的話：

- 全部都是我的錯。
- 我要怎麼樣才能做得更好？
- 也許是我表達得不夠清楚。
- 我還不夠努力。
- 我一直說錯話。
- 我要更小心一點。

你會做的事：

- 不斷道歉。
- 討好自戀者，凡事如履薄冰。
- 為明明不是你造成的錯誤或行為承擔責任。
- 過度準備，或對家中或職場種種細節都一肩扛起。
- 提供多種選項（例如：準備好幾種餐點讓對方選擇）。
- 試著揣摩自戀者的想法，預測並滿足他們的需求。
- 改變自己或環境來取悅自戀者（例如：強迫症般地打掃）。
- 否認自己真正的需求或渴望。

羞恥

羞恥感會讓我們覺得自己是有缺陷的、不完整，甚至無可救藥。羞恥感就是把自責公開化，認為全世界都在用我們批判自己的標準來審視我們。如果你在自戀型家庭成長，家訓是「你不夠好」，那羞恥感會在很小的年紀就已根深柢固。在這樣的家庭中，秘密和謊言滿天飛，覺得孤立無援是常態。孩子們會不斷內耗，設法編織故事來掩蓋事實，讓外界覺得自己的家庭「很正常」。他們可能會覺得格格不入，也不敢帶朋友回家，看到同儕或鄰居的健康家庭時，更會覺得羞恥。這種羞恥感的信念會讓你把問題歸咎於自己「有問題」，而不去怪罪造成問題的家人。自戀型關係之所以能成立，就是因為你內化了對方的羞恥感，將其視為自己的羞恥感。說穿了，你等於成為自戀者的「羞恥代理人」。[5]

成年之後，這種羞恥感還會讓你困在自戀型關係裡。你會因為關係不順利感到羞恥，也會為自己選擇留在這段不健康的關係裡感到羞恥，甚至在分手或離婚後也會覺得羞恥。這種羞恥的狀態（「我陷在困境中」）可能會變成「一定是我有問題」的信念。

困惑

絕大多數的人都可能問過自己：「我到底怎麼了？我覺得自己瘋了。」你不理解自戀行為和傷害時，困惑就會成為你的日常。這種困惑主要源自以下情境：你難以想像有人居然可以這麼缺乏同理心；居然有人可以不久前才說「我愛你」，沒多久卻貶低你或搞失蹤；你支持對方時卻反被利用；對方陰晴不定，讓人摸不著頭緒；即使你理解、也同情對方的過去，但對方仍然對你發脾氣；你對於父母或家人同時抱持責任、忠誠與反感，因為你覺得自己「應該要」喜歡他們。你在自戀型關係中受虐時，對方會對你的思考和感受指手畫腳，導致你漸漸地失去自己，腦袋也更加混亂。

在這些關係中，你不得不一再地逃避否認，表現得好像一切都很正常，而自戀者和幫凶也期待你這樣做。這部分是因為慢慢被洗腦、現實逐漸扭曲，也因為你對於「什麼才是正常或健康的行為」覺得疑惑。雖然你很有彈性想維繫這段關係，但假裝一切都「沒事」的代價就是，連真正關心你的人也常常看不出你的痛苦。

扭曲認知和虛假承諾也會加深內心的困惑。你可能會反覆查看舊訊息，確認自己是否誤會了他們的意思，覺得也許是自己沒聽懂。而他們反覆說謊也會讓你更加混亂。還有一種困惑源自於挑撥離間，即透過迂迴溝通讓人彼此對立的操弄手段，像是在別人背後說他壞話。舉例來說，你的自戀型母親可能會說：「妹妹說你很貪心。」這讓你對妹妹很生氣，於是就不邀請她參加派對，但其實你妹妹根本沒說過這些話，卻因為被排擠而感到受傷和不解。挑撥離間的手段會在家庭、朋友和職場關係中製造混亂，進而埋下不信任的種子。

絕望

慢慢發覺你愛的人或你認為應該愛的人，其實沒有真正的同理心、不在意你的傷痛、又永遠把自己放在第一位，是讓人非常難受的現實。幾乎所有在自戀型關係中的人，都有絕望的感受，這是混合了悲傷、無助、無望、無力、恐懼，甚至可能包括自殺念頭的情緒，無論怎麼努力，都無法改善這段關係，也得不到理解或同理。無論你怎麼說、怎麼做，情況都沒有改變。無論是哪種自戀型關係，一旦體會到無力改變，都會造成深深的恐懼和難以形容的悲痛。

在這些關係中，如果你努力表達自己的渴望、抱負或需求，對方往往無法容忍；久而久之，你會覺得自己好像不是自己人生中的主角。自戀型關係不只會影響你，還可能影響到你的孩子、工作、友情，甚至是和其他家人的關係。你在這些關係中感受到的無能為力可能會延伸到其他關係中，也許會覺得自己連保護身邊的人都沒辦法，因而產生絕望感。你可能會出現憂鬱症的各種徵兆，包括悲傷、煩躁、食慾改變、睡眠問題、價值感低落、注意力難以集中、動不動就落淚，甚至在社交上退縮。

最大的難題是釐清你到底是真的患了憂鬱症，或是自戀型傷害造成的後遺症。有些人可能會覺得，自己生活的其他面向過得還不錯，例如跟朋友聊天笑得很開心、很享受與孩子的相處、工作進展順利，但只要想到那段自戀型關係，悲傷和絕望就會湧現，你可能會討厭見到自戀者，卻也很喜歡見到其他人。然而，如果這些憂鬱的徵兆已蔓延到你生活的其他面向，像是你覺得自己工作表現不佳、學業跟不上、無法顧及照顧者的責任，甚至對於生活失去興趣，那情況可能已惡化到臨床憂鬱症的程度，需要盡快尋求專業協助。如果絕望和憂鬱的感受加劇到出現自殺念頭，你並不孤單，務必立即尋求協助。[6]

孤獨感和信任危機

遭受自戀型傷害，可能會讓人覺得非常孤單。在你認清自己的處境之前，可能就像是活在平行宇宙，外人對於你和自戀者的關係，跟你的看法完全不同。如果你選擇結束這段關係，或不再聯絡對方，這種孤單感可能還會持續。在自戀型傷害過後，你或許會覺得自己再也無法信任自己或別人，甚至對所有人疑神疑鬼。結果，你可能會無法建立新的友情、合作、關係和機會。如果你在自戀型家庭中長大，信任感可能早已被扭曲、消失，甚至從未真正出現。這種對自我和世界的猜忌，可能會讓你疲憊不堪。

由於自戀型傷害導致缺乏信任感，你可能會害怕依賴別人，陷入「獨自對抗全世界」的假性自主狀態，你會覺得凡事自己來才安心，這樣就不會被別人辜負。但自戀型傷害也可能讓你效率極低，因為你從不確定是否能依賴別人。你可能變得十分擅長包容自戀者的陰晴不定，像是某天對方心情好，也許很樂意載你去機場，但下次你請對方載你時，卻被痛罵自私。你可能會將這些求助的經驗和感受用以偏概全或套用在別人身上的方式，認為只要是求助就會帶來失望或憤怒。

倖存者的心理健康難題

如果你正經歷自戀型傷害的後遺症，常見的情緒和行為模式可能與其他心理健康問題重疊或同時發生。務必要記住，自戀型傷害造成的後遺症並不是疾病，而是對於毒性關係所帶來壓力的合理反應；恐慌、焦慮和憂鬱症等心理健康問題，可能就會與自戀型傷害的影響一起出現。有些問題可能早在這段關係開始之前就已存在，並因自戀型傷害而加劇（例如：在進入自戀型關係前就有憂鬱症病史），也有些是遭自戀型傷害所觸發（例如：在這段關係後才開始出現焦慮症）。

如果你曾經歷過創傷，接觸自戀者可能會讓創傷後的反應變得更加明顯，也可能因此產生社交焦慮，因為遭大幅扭曲認知後，你可能會開始懷疑自己對社交情境的判斷是否正確，或是被自戀者灌輸你在人前言行很蠢的想法。如果你發現自己有上述任何狀況，也覺得這些問題影響到你的工作、家庭照護責任、學業、人際關係或其他生活層面，請務必尋求持有證照的心理健康專業人員進行評估和治療。

你的身體記錄著你心裡的傷

問問自己，你接觸自戀型關係時，身體健康是愈來愈好，或愈來愈差？這類關係帶來的壓力會對健康造成各式各樣的影響，像是頭痛、肌肉緊繃、免疫功能下降，讓你更容易生病。如果你本來就有慢性疾病，例如自體免疫疾病、氣喘或糖尿病，壓力可能會加重病情。一般認為，受到壓抑的創傷可能會以身體疼痛來呈現，[7]也符合長期處於自戀型關係中的受訪者指出的慢性疼痛和其他身體不適。

想要研究自戀型傷害來佐證對健康的影響並不容易。理想情況下，我們需要長年追蹤受到自戀型關係影響的倖存者，記錄他們的健康狀況、關係和壓力值，接著觀察結果。但就我個人的臨床觀察來看，有些原本健康的人，因為自戀型關係的後遺症，出現不符合他們年齡、遺傳病史或身體狀況的疾病，或是病程比預期更加複雜。許多醫療從業人員也發現，毒性關係對健康的負面影響非常明顯。

你的身體比你的大腦更誠實地記錄了自戀型關係造成的衝擊。你的大腦還在忙著替創傷羈絆找理由時，身體早已毫無保留地承受了痛苦、悲傷、創傷和失落。我也看過許多人在遠離自戀型關係後，健康狀況逐漸改善。我記得有位女士長期忍受頭痛、腸胃問題和慢性疼痛等健康問題，但在她的自戀型伴侶忽然病逝後，種種身體症狀在一個月內明顯好轉。儘管伴侶的離世與債務讓她背負經濟壓力，但她的內心卻感到解脫，不必再承受對方施加的心理折磨。然而，她也為自己健康改善一事有罪惡感，因為她知道外界期待她符合悲傷寡婦的角色。只能說，這一切都無法單純看待。

自戀型傷害的這些影響還可能間接地表現出來。你可能無法好好照顧自己，像是因為過度疲憊或心力交瘁，忘記去拿慢性藥物或正確服藥；你可能會飲食和睡眠不規律、缺乏運動，或是忽視預防性質的醫療健檢，這可能帶來嚴重後果，像是未能定期癌症篩檢等。

此外，自戀者通常不是良好的照護者。如果你在婚姻中忍氣吞聲，指望在年老時配偶能照顧你，期待多半會落空。自戀者往往覺得你的健康問題很麻煩，因為他們不喜歡有人去提醒凡是人都有生病衰老的脆弱面。他們太過自私，也缺乏耐心能長期給予關懷和支持。我聽過太多例子，自戀者把伴侶或家人丟在醫院門口，讓他們自己去做化療或急診，然後轉身就走。如果你曾抱持希望，期待自戀型伴侶或家人能在你需要時關心你，那他們在你生病時缺席不只會帶來絕望，甚至會讓你陷入危險，因為你可能要付出昂貴的代價，得匆匆尋找其他照顧者，或只能在缺乏協助下生活。從各種方面來看，自戀型關係都會讓你少活好幾年。

自戀型傷害帶來的影響不只是內心受傷。你面對自戀行為時，都會經歷一連串心理反應。這是每個處於自戀型關係的人都會遇到的模式，這在提醒你，其實不是你的問題。你並不奇怪，也不是反應過度，任何人在這種關係內都會面臨類似的後果，即使擁有金錢、地位和權力，也無法完全避免這種傷害。

現在應該要來談談復原、療癒、成長與重生了。儘管這不容易，但我見過許多人在走出這段關係後，變得更睿智、更勇敢，生活也更加有意義和目標。我們無法改變自己的過去，但我們可以選擇向前走。無論你是選擇留下還是離開，是每天都會見到自戀者或是再也不見，都可以療癒自己。你的重心逐漸從應付自戀者、責怪自己，轉而關注自己的成長、自我理解、現實世界，以及清晰的目標。與其只求勉強度日，現在應該要把你的力氣、心神和時間投入真正的「重生」與「茁壯」上了。

PART 2

認清、復原、療癒與成長

我們欣賞蝴蝶的美麗，卻鮮少承認牠為了展現這份美麗，經歷了多少蛻變。

——瑪雅・安吉羅（Maya Angelou）

對許多人來說，光是聽到「自戀型傷害」這個詞，就已是第一次讓自己的痛苦賦予了名字。這不只是普通的心碎而已，許多人是從童年開始，或經歷一連串負面關係後的精神耗弱。這些關係塑造了你、傷害了你、改變了你，甚至奪走了你的現實感和自我認知。部分的人可能在尋求諮商時，聽到心理師說自己只是焦慮，或是所有的關係都有難處，應該要找到更好的溝通方式，結果反而讓你更加懷疑自己。也有人因為與家人疏遠而感到羞愧。你正受到自戀型傷害的影響時，實在無法想像自己能夠走出來。即使你結束了那段關係，有些傷口依然存在，像是暗自悲傷、不再信任人，以及世界觀徹底改變。

療癒對你來說是什麼？你可能認為療癒代表內心平靜、不再懷疑或責備自己、不再反覆糾結、感到完整、信任自己的直覺，並且能原諒自己。你希望自戀者的假面具能被拆穿、替自己的行為負責，你可能覺得只有正義得以伸張，你才能真正獲得療癒。你希望看到自戀者無法輕鬆過日子，畢竟你自己都還在為焦慮、悲傷、懊悔和懷疑所苦。遺憾的是，現實是我們不見得能獲得公平正義，甚至可能等不到一句道歉。假如自戀者沒有承擔任何後果，你有可能療癒自己嗎？

療癒不只是大哭渲洩而已。療癒的重點在允許自己悲傷、騰出內心的空間，進而重新打造生活、找回自己的聲音，勇敢表達需求、渴望和期待，最終是能感到安全。這是從「勉強度日」到「成長茁壯」的過程。

療癒沒有時間表，而這段時間的長短，取決於這段關係的性質、你是否選擇離開，以及你的生命經驗。療癒的意思是，即使你再度被自戀者吸引回去，或給對方第二次機會後再次受傷，你仍然願意對自己溫柔；療癒是一種智慧、洞察力，是願意在面對這種人時勇敢決定退出，不怕身邊的人對你施加「應該原諒」的壓力；療癒是徹底接納一個痛苦的事實：自戀者的行為模式不會改變；療癒是不再責備自己、不再懷疑自己是否不夠好，而是找到活著的意義與使命，在長年以來小心翼翼地迎合自戀者、壓抑自己的需求後，終於學會好好地呼吸。

如果我認為療癒不可能發生，根本不會寫這本書。每一天，我都見證著許多人重新感受到單純的喜悅，這些喜悅都曾因為自戀型關係而無福享受。如今，他們勇敢追求曾被嘲笑的目標、重新聯絡過去的朋友。我也看到有人終於活出真實的自己，不再依附於自戀者的認同，有人則是再次談起戀愛，也慢慢學習如何信任別人。

然而，療癒只是這段旅程的一部分，最終的目標是活出真實的自己（以及釐清何謂真實的自己）、找回遭到自戀型關係剪去的羽翼，進而展翅飛翔。當你停止反覆糾結與懊悔、保護並解放內心受到創傷羈絆住的孩子、改變自我對話的方式、不再扭曲自己的認知，就會逐步找回真實的自己，以及種種曾被你壓抑的目標和抱負，進而允許自己向前邁進。

在閱讀本書 Part 2 時，請你主動參與：寫下日記，記錄你的念頭、感受與進展；嘗試書中的技巧，思考它們的效果；勇敢嘗試新事物，留意過程中的感受。療癒是屬於主動的過程。

自戀者最會大聲嚷嚷地說故事，常常把限制你的劇本硬塞給你。最終，真正的療癒是把自己找回來，修改那些灌輸給你的故事，改寫成屬於你自己的版本。

第 4 章

理解自己的過去和弱點

保護自己，避免再次受傷

現在她有了內心世界與外在表現，忽然明白這兩者之間要有界限。

——左拉·尼爾·赫斯頓（Zora Neale-Hurston）

莎拉剛搬到洛杉磯時，覺得既衝擊又興奮。她剛結束一段有毒的關係，想要有全新的開始。她的公司給予了調職的機會，這對莎拉來說是個福音，因為她之前的主管讓她和整個團隊吃足了苦頭。同樣值得慶幸的是，搬離家人遠一點讓她能有一絲喘息，因為她向來努力幫家人打理大小事，感覺快像是在兼職工作了。

剛到洛杉磯時，莎拉並沒有想談感情，因此她認識喬許時，放下了心防。上一段感情結束後，她特地花了一些時間研究自戀型人格和自戀型關係。她很清楚這類關係的運作機制，包括「愛的轟炸」等，但因為喬許只是個朋友，她覺得這些知識不會派上用場。時間一久，她發現自己很期待見到喬許。正因為他只是個「朋友」，她更容易打開心房，聊起自己成長於缺乏肯定的家庭、常常覺得自己不夠好、總是忙著替所有人解決問題，還有與前任感情遇到的問題。喬許聽得相當認真，接著也開始分享自己的生命故事，提到他一直難以推動的計畫。莎拉很心疼喬許的處境，覺得他缺乏家人的支持，內心很能同理。

數個月後，喬許說他打算搬出公寓，去借住朋友家的沙發，好省錢來追夢。莎拉不想要失去喬許這個少數讓她感到安心的人，於是她向喬許提議，讓他暫時睡她家的沙發。兩人住在同一個屋簷下後，關係變得更加緊密。對莎拉來說，這讓她內心很踏實，畢竟她覺得彼此已很熟悉。有個人可以陪自己吃晚餐、看動畫電影的感覺很好，享受簡單的快樂。她喜歡再次有人陪伴和親密的感覺。

不過，莎拉很快就發現，喬許當室友後的生活並不完美，但有誰又是完美的呢？他不太做家事，但莎拉沒怎麼在意，因為她本來就習慣一個人來，況且喬許又正忙於自己的事業。偶爾喬許「幫忙」時，通常只做對他自己有利的事，例如搬動家具來打造自己的工作區。莎拉雖然有點不高興，但依然很慶幸他愈來愈有歸屬感了，也許這有助於他的事業起飛。喬許經常問她去哪裡、見了誰，問得鉅細靡遺，卻對自己的行蹤隻字不提，莎拉心想：「他關心我去哪裡，這不是很好嗎？前男友自私到連問都不問。」她對喬許事業難以起步感到難過，也對自己的職涯發展順利有罪惡感。因此，每當喬許又滔滔不絕、自顧自地抱怨一天遇到的挫折和工作時，她都覺得自己只能默默忍受。每當喬許對她說：「別裝了，妳根本不懂要怎麼經營事業啊，打卡上班哪有什麼難的。」喬許拒絕分擔生活開銷時，她也不予以追究。莎拉認為，幫助別人解決問題是表達愛的方式，所以她努力安慰喬許，並介紹一些同事給他認識，希望能幫助他的事業發展。

如果自戀者對我們有害，為何我們還是容易受到他們吸引？為何我們在看到警訊剛出現時，沒有立刻轉身逃走？這個問題實在不好回答，每當談到療癒，我都會思考這個問題。我記得聽過一位經歷了極度自戀型傷害的女性接受訪問，明顯沒做功課的主持人問：「妳為什麼不乾脆離開呢？」這句話讓我感到很不舒服，因為好像在責怪她選擇留下，但那位女性犀利地反問：「為什麼你不問他為什麼要施暴呢？」這是很合理的反擊，但即使如此，這個問題仍未真正觸及療癒的核心。對她施加傷害的男人非常自戀，不但過去如此，現在是如此，而且未來很可能永遠都是如此。因此，療癒不能只寄望於施虐者行為的改變。

真正的療癒是不僅要處理我們已有的傷口，還要盡可能防止未來受傷。每個人或多或少都有某些特質或過往經驗，使我們容易進入並待在自戀型關係中。面對這些弱點並不是要「怪罪自己」，而是為了協助你理解，某些健康、善良的特質（像是同理心、慈悲心、善解人意），以及你人生中的複雜經歷（例如創傷、自戀型家庭），都可能讓你更不容易擺脫這些循環。

我們很容易理解身體上的脆弱：腳扭傷了，就不能爬樓梯；罹患氣喘，就不能待在滿布灰塵的房間。同樣地，想要療癒自戀型傷害的後遺症，以免未來再次受傷，我首先要認識自己的所有面向，包括弱點、信念體系，以及以往的生命經驗。即使你來自幸福的家庭、事業順利，身旁有許多朋友，自戀型關係仍然可能撼動你的信念體系。

理解自己的過去和弱點，可以幫助你療癒，並在未來保護自己。本章會深入剖析多個層面的風險因素，包括你的個人特質、原生家庭的成長經驗、文化訊息與社會觀念。我們也會探討「及早發現警訊」是否不切實際，因為有時會需要一段時間才能真正看清一段新關係的樣貌。

為何會陷入自戀型關係？

我們經常看到自戀者身上具有吸引力的特質，例如親和力、感召力和自信，這些特質能說明我們為何會著迷、受到吸引，甚至為他們的行為找理由。因此，雖然所有人都有可能陷入自戀型關係，但有些特質、情境和過去的經驗會增加受害的機率。如果你的過去充滿這種經歷，你就愈容易受到自戀者吸引，或是困在這類關係裡。如果沒有認清這點就設法療癒、轉變，無異於只拔掉雜草的上半部卻留下根部，最終雜草還是會長滿整座花園。

每當聽到有人輕描淡寫地說「你轉念就好啦」，我都會覺得十分沮喪，因為他們沒有意識到，每個人都有複雜的過去、活在複雜的世界中。過度簡化這麼細膩且個人化的過程，只會讓你覺得丟臉。針對自戀型關係的傷害，並沒有簡單快速的「五步驟療癒法」。

有次，我跟一群人討論他們過去受傷的經驗，他們笑著自嘲：「按照你列出的這些風險因素，那誰不會受傷呢？」全場都笑了，但這句話也有幾分道理。無論是因為過去的經驗，還是我們自身的內在特質，大部分的人或多或少都可能受到自戀型關係的傷害。處理這些內在的傷口不僅需要了解自己的過去，也需要認識自戀型人格的樣貌，分辨出不健康的人際互動方式，留意自己找藉口和慣性反應的時刻，並在現實被扭曲時保持警覺。最重要的是，不必把自己的脆弱視為缺陷，而是要當成你珍貴且不可或缺的一部分。療癒的意思就是肯定自己所有的面向，同時讓自己懂得判斷和保護自己，並且時時保有覺察。

同理心

富有同理心（Empathy）的人非常了不起，但願我們所處的世界充滿同理心的人（可惜事實並非如此）。然而，自戀者往往會利用這份善良，你的同理心讓你極易陷入自戀型關係中反覆的循環，從最初的美化，到後來的貶低，再到道歉與找藉口，你便成了餵養他們自戀需求的絕佳來源。有同理心的人願意給第二次機會，懂得寬恕，永遠都會設法去理解對方的觀點。

如果你空有同理心卻不了解自戀行為，可能會一昧地給予同理，甚至展現出同理心相關的行為，像是原諒。自戀者只會自顧自地獲得你的諒解，而不會給予回報，導致一種不平衡的「同理心反噬」（asymmetric empathic reversal），所有的同理包容都是單方面。如果你是富有同理心的人，你可能會不斷為他們找藉口，試圖從更善解人意的角度看待他們，直到你覺得筋疲力盡。同理心可能會讓你心軟，不僅容易陷入自戀型關係，還可能害你長期困在其中，儘管有毒的模式已明顯存在。舉例來說，前面提到的莎拉就是因為對喬許的困境萌生同理心，成為餵養其自戀性格的絕佳來源，對他滔滔不絕的單方面抱怨默默承受，沒有表達不滿或疑慮。

當個「拯救者」

「拯救者」具有討好型人格，他們總是想修補問題、解決困難，努力讓一切變得更好。你可能覺得自己有責任讓別人開心，經常讚美和鼓勵別人，甚至可能提供住處、車子、金錢或幫助對方找工作。但結果卻可能會讓你在過程中身陷險境，例如時間或金錢透支，甚至冒著法律或道德的風險。你在應付自戀者時可能格外危險，因為他們會讓你覺得孤身在風中飄零，絲毫不顧你的處境。

那些脆弱型自戀者，早早就會佯裝出受害者的樣子，悶悶不樂地認為自己應該得到更多：「其他人都有特殊待遇，對我太不公平了。」這可能會讓你有罪惡感，因而想補償他們，想讓事情變得「公平」。你可能還設法去做自己曾希望別人能替你完成的事，因此拯救的行為有時是在舔拭自己內心的傷口。又或者，你希望透過拯救來掌控這段關係，努力付出更多讓一切順利。但對自戀者來說，這場拯救行動不會有結束的一天。無論你付出多少金錢、人脈、機會或時間，都永遠無法滿足他們。你也許相信，只要「修補」一切，這段關係就能變好，但除非你能讓自戀者完全不會感到任何一絲失望，否則不可能如你所願。拯救者不僅容易陷入這種關係，還會誤以為只要自己做得夠多，一切就會好轉，後果就是一直難以脫身。

我們回來看莎拉的故事，她進行的修補與拯救不僅是自己當初受到吸引的原因，也讓她持續把重心放在如何在關係裡「做點什麼」，而不是認清眼前發生了什麼事。

莎拉的故事也顯示，富有同理心的人與拯救者可能有所重疊。但不同的是，富有同理心的人未必會急著「修補」，因為他們的同理心通常會導致罪惡感與找藉口。拯救者則可能心生同理後，受到「討好」的內在需求所驅使，希望藉此保持安全感、建立連結，也覺得自己是有用的人。

樂觀與正向思維

你能在困境中看到希望、把壞事化作好事，習慣用「杯子的水依然半滿」的樂觀角度看待事情。你真心相信每個人都有潛力，也相信任何人都有可能改變。你認為公平與正義存在，凡事終究會水到渠成。你可能也覺得，只要再給對方一次機會，他們說不定就會變好。但如果你非常正向又樂觀，可能很難接受一個事實：自戀者是不會改變的。

信念體系是我們內在的核心，放棄原本的世界觀，可能會造成難以消化的衝擊。在臨床上，我發現樂觀且天性正向的倖存者在療癒過程中通常需要更多時間，因為他們很抗拒「人不會改變」這個概念。而他們終於明白自戀者的行為真的不會改善時，往往伴隨著極大的打擊與沮喪（但好消息是，這種樂觀特質在經歷過起初的悲傷後，往往可以適當調整，進而轉化成強大的韌性）。

樂觀的態度可能讓雙方互相吸引。樂觀的人容易被自戀者的魅力與感召力所吸引，而自戀者也喜歡樂觀的人帶來的正能量和肯定鼓勵。樂觀的人之所以難以抽身，可能是因為他們慣性甘願抱持著希望，相信一切會變得更好。

莎拉雖然不是百分之百的樂觀主義者，但她願意陪伴喬許談論那些不切實際的宏偉計畫，反映出她對他的想法保持開放態度，儘管那些計畫根本沒有推動的跡象。同理可證，你的正向思維與樂觀態度可能會助長自戀者的誇大妄想，讓你淪為他們做出虛假承諾的對象。

永無止盡的原諒

你是否很容易原諒別人？常常再給第二次機會？你選

擇原諒的原因可能有很多：可能是因為你覺得這樣做才是對的，或這符合你的宗教或文化價值觀，你希望只要原諒對方，他們就會改變。你覺得每個人都值得有再一次機會，也許一切只是場誤會，或是你擔心不原諒他們會發生不好的事。

原諒本身不是壞事，但在面對自戀者時，這並不管用。如果你習慣原諒，那這種習慣會讓你非常容易受傷，因為自戀者不會把原諒當成變好的契機，反而視為他們行為不會有後果的象徵。由於他們缺乏同理心，自戀者不會因為在乎你而停止傷害你。他們只要認為不會有實質後果，心想自己終究都會被原諒，背叛與惡劣行為的循環就會持續下去。還記得莎拉對喬許屢次越界的行為睜一隻眼閉一隻眼嗎？雖然她沒有明確地「原諒」，但她選擇合理化喬許的行為，沒有質疑或反駁。原諒可能讓人對初期的警訊視而不見，進而深陷於自戀型關係中。

自戀型、對立型或否定型的父母

在自戀型家庭中長大，就是接受了長期的洗腦教育。這樣的家庭會讓你感到挫敗、自責、自我否定，並且覺得自己永遠不夠好。[①] 這類家庭傳達的觀念是：你必須努力才能換取愛，或是成為父母的自戀餵養來源，否則他們就會收回對你的愛，或是你的價值取決於滿足自戀型家人多少需求。在這樣的環境下，你學會壓抑自己的需求，助長自戀型家人的氣焰，逐漸習慣被扭曲認知、被操弄、被冷暴力。時間一久，自戀型家人會讓這些自戀行為變得「正常化」，讓你在成年後更容易受到身邊自戀者的傷害。這樣的家庭灌輸你需要「將就」的觀念，讓你覺得自己沒有權利對別人的行為設立標準。生長於這類家庭的孩子，通常會扮演某些角色來滿足自戀型父母的需求，讓孩子受限於家庭所規範的功用。在本章後半，我們會深入討論這些角色。

一旦在成長過程中缺乏的東西，例如經濟穩定、喜愛、強烈的關注，突然在某人身上暫時得到補償時，恐怕會讓你覺得足以抵銷童年的有毒行為模式，也許你就會忽略其他正在發生的毒性模式，像是言行的否定。舉例來說，莎拉因為離開了自己的家庭，對喬許充滿同理心，因為他同樣來自一個否定孩子的家庭。這喚起了她內在「拯救者」的特質與同理心，她可能一直都是藉由陪伴他來撫平自己內心的傷口。因此，她很可能沒有注意到喬許行為中不健康的部分，因為對她來說早已是家常便飯，不僅讓她在最初缺乏警覺，也讓她困在這段關係中，因為那種感覺太熟悉了。

幸福家庭

沒錯，雖然這聽起來有點矛盾，「幸福家庭」這件事也可能成為弱點。部分讀者可能生長於一個幸福的家庭，父母感情融洽且尊重彼此，家庭關係緊密，家人富有同理心與關愛，總是互相支持、願意傾聽你的夢想，真正看見你的價值，也很愛你。你難過時，會有人安慰你；沒有人會大吼大叫、爭吵或傷害彼此。這樣有什麼不好呢？問題是，你渾然不知如何面對自戀型人格的「險惡」。成長於幸福家庭之中，你可能很難理解有人會否定你、操弄你、不把你當一回事，甚至對你很殘忍。你從小就被教導，人際關係中任何問題都可以透過溝通、原諒和愛來解決。你可能認為愛終究能克服一切的困難，因為你從小到大看到的是幸福的關係，這個方法確實有效。

你的幸福家庭可能相信「改過遷善」，但可能無意中助長了你在自戀型關係的窘境，建議你再多愛對方一點，繼續努力維持關係。我記得遇過一對老夫妻，他們的女兒就是嫁給了自戀型伴侶。由於他們自己婚後幸福生活了四十五年，家人感情非常好，因此當女兒與惡劣的自戀者在一起時，他們不太能理解，於是想盡辦法幫忙，包括貸款、安排豪華假期，甚至幫忙帶孫子，希望婚姻可以維持並改善，可惜一切都沒有用。最後，他們眼睜睜看著女兒的精神狀態愈來愈差，這段婚姻還是劃上句號。這對父母一直相信公平正義，認為法官會把監護權判給女兒，因為對方「人很壞」。但他們真正面對離婚過程中自戀型伴侶的手段時，才驚覺現實並非如此簡單。

不過，來自幸福家庭的好處是，你終於看清自己陷入自戀型關係時，那份源自安全型依附的支持與韌性，會成為你堅強的後盾，減緩你受到的衝擊。

人生的過渡期

我們在經歷過渡期時，通常身心狀態都不太好。我見過許多人在剛結束感情或辦理離婚手續時，陷入一段自戀型關係；有些人則是在搬到新城市後，或在親人過世時進入自戀型關係。過渡期可能十分痛苦（失落），也可能充滿期待（新工作或搬家），但無論如何都會讓人感到惶恐。在這段時間，你的注意力都在生活的變化上，可能正忙著處理重大危機或新環境的瑣事，不再擁有過去穩定的生活模式和人脈，甚至失去了原本能「自動導航」的熟悉地標、通勤路線和交友圈，一切都還在適應中。這種新鮮又陌生的體驗可能帶來焦慮或無力感，讓你更容易感到脆弱。在努力適應新生活的過程中，你很可能會忽略眼前正在發生的有毒模式。

在前文中，莎拉剛搬到新城市時，剛結束一段糟糕的感情，還換了新工作，就是在這時遇到了喬許。她當時其實並沒有特別想談戀愛，但在陌生的環境裡，結交新朋友讓她感到安心，而正因為處於過渡期，讓她更容易陷入自戀型關係。

進展太快的關係

許多自戀型關係之所以進展迅速，往往來自一種「壓力」。生理時鐘、社會壓力，甚至是某種有時間限制的機會，都可能讓你忽略了「警訊」，只因為你害怕這些會妨礙你達成想要的目標。有些處於自戀型關係的案主會坐在我面前說：「我知道這段關係很不健康，可是我沒時間再重新開始找對象、結婚生小孩，這樣太晚了。」在這些情況下，你寧願選擇繼續待在熟悉的「魔鬼」身邊，也不願冒險重新來過。但長期來看，這種草率的決定，往往會導致痛苦且代價高昂的離婚，或難以滿足，甚至暴力的關係。真相是，我們鮮少能在壓力下做出理想的決定。

自戀型關係的發展通常過於迅速。你可能太快就同居、太快訂婚，甚至太快出資協助對方創業，加上「愛的轟炸」讓人感到特別甜蜜，於是像長途度假、會見雙方家長等重要里程碑都來得特別迅速。如果關係的快速進展剛好碰上你急於達成的人生目標，就很容易深陷關係之中、難以抽身，因為你會心想「之後再處理問題就好」，未能正視現在的關係充滿毒性。

莎拉當時被情勢所逼，面對許多人生轉變的她，一心想抓住喬許這個新朋友，而她的「拯救者」特質促使她加快步調，迅速從朋友轉變成戀人，甚至很快讓喬許搬進了家裡。

創傷、背叛或重大失去的經驗

經歷過創傷或重大背叛的人，多少都會出現改變，不但影響我們看待世界的方式，讓我們更容易自責、自我懷疑、情緒低落、感到羞愧、罪惡感，或在親密關係中觸礁。[②] 背叛尤其會帶來強烈的心理創傷，無論是伴侶出軌、合夥人盜用資金，或是親戚騙你的錢。這些「背叛型創傷」（betrayal trauma）之所以帶來極大痛苦，是因為我們遭到信任的人所背叛，讓我們對關係的信任感和安全感徹底崩潰，往往比其他形式的創傷或失去經驗更嚴重，後遺症也更為深遠。③背叛帶來的自我貶低、自責，以及對事物的判斷和信任出現偏差，讓你更容易被自戀者吸引，並陷入他們的情感傷害中。許多背負創傷的倖存者，尤其是童年經歷過複雜創傷的人，往往沒有接受足夠的創傷知情治療，這導致他們的療癒之路可能會延續一輩子。如果你有創傷經驗，可能會對自己的反應產生懷疑，甚至扭曲自我認知（「我覺得自己反應太大了，對方只是大吼而已」），卻沒發覺身心都會記住創傷和情感的痛苦，代表自戀型關係可能會帶來更大的內耗。因為許多人過去的創傷放著未處理，對於創傷的影響缺乏覺察，這也增加了未來進入或陷在暴力關係的風險。

在回顧自己的過去和伴隨而來的脆弱時，仔細觀察它們是如何互相影響，同時又加深彼此的作用。舉例來說，你的正向思維可能讓你更容易充當「拯救者」的角色；如果你出身於自戀型家庭或有創傷經驗，可能會影響你的判斷力。雖然你無法改變自己的過去，但可以利用這些經驗更了解自己，學會在關係中慢下來、細心觀察，溫柔對待自己、放下自責的慣性。

自戀型家庭系統

史密斯家中的女王伊莎貝爾，是典型看重外表和地位的自戀型母親。情感需求對她來說一定擺在後面，家中每個人都像棋盤上的棋子，或舞台上的演員各司其職。老大安德魯常常想保護弟妹，還得時不時關心父親，因為父親總是遭伊莎貝爾批評，覺得他事業不夠成功。老二雪莉和媽媽長得很像，從小就是芭蕾舞神童。母親非常重視雪莉，讓她進了明星舞蹈學校、每年聖誕節都在《胡桃鉗》（The Nutcracker）表演中擔任眾人欽羨的角色，簡直是零缺點的學生。伊莎貝爾還會陪著她到全國各地參加比賽和演出。

比雪莉小兩歲的黛安，個性溫和、成績普通，有過重的問題。伊莎貝爾常常對她冷嘲熱諷，動輒強迫她節食，甚至在心情不好時，把家裡的問題都怪在黛安頭上，口出辱罵，甚至說：「拜託妳這個週末自己去找個朋友玩，省得找我麻煩。我和雪莉忙得很。」年紀再小一點的是瑪婷，她比黛安小一歲左右，幾乎被全家人遺忘。沒有人關心她的嗜好，她只能自己摸索或放棄。後來，她自己找到一個課後活動，還申請到獎學金補助，但父母卻經常忘了去接她回家。於是，她漸漸研究出當地的公車路線，再從公車站自己走兩英里的路回家。

全家年紀最小的是湯瑪斯，他從小就很懂事、乖巧聽話，四歲就會自己把房間打掃乾淨，還勸哥哥姊姊一起打掃。他十二歲時，母親愈來愈專注在雪莉的發展，湯瑪斯甚至開始幫忙張羅晚餐。即使如此，他的存在似乎讓伊莎貝爾感到煩躁不安。她需要湯瑪斯的協助，卻對他的存在感到一絲羞愧。湯瑪斯都會安慰遭母親辱罵的黛安。黛安問湯瑪斯：「為什麼媽媽不喜歡我？」湯瑪斯都會說：「黛安，這不是妳的問題。」

老大安德魯身為這個家的保護者暨和平使者，拼命在扮演全家人的後盾和諮商的角色，早已筋疲力竭。最受寵的雪莉雖然經常表現得不在乎，心裡卻萬分害怕，不知道該怎麼告訴母親其實她長大以後不想當芭蕾舞者。

家中的代罪羔羊黛安後來出現強迫症，開始極端節食減重，也飽受憂鬱症和焦慮症所苦。

如同隱形般的孩子瑪婷缺乏成年人引導，只能自生自滅，於是在成長過程中做出一些不太理想的選擇。

湯瑪斯這個看清一切的家中小幫手，最後再也忍受不了，選擇在十八歲生日當天離家出走，再也沒有回家（這也代表他不得不離開自己最想保護的姊姊黛安）。

在健康的家庭裡，孩子的喜好、性情和差異會受到尊重，同時不必然會被這些特質給限制住。但在自戀型家庭中，父母只會利用孩子，把他們當成餵養自戀的來源，或當成一種麻煩，並且操弄孩子來滿足自己的需求，塑造成符合自戀型父母期待的角色，無視孩子真正的認同和需求。這些角色讓自戀型家長維繫絕對的權力與控制。孩子不見得都會被迫扮演上述角色，但可能會發覺扮演特定角色、展現特定行為就不會遭殃，才能繼續依附凡事貶抑的父母。你也許不是在自戀型家庭中長大，但值得留意的是，你很可能在有毒的職場或伴侶家庭中觀察過類似的模式。了解這些角色，不僅能幫助你看見自己是否在無意間複製了原生家庭或其他系統（像是有毒的朋友圈或職場）的惡性循環，也能更清楚療癒的方向，因為這些角色可能會限縮了追求個體化（individuation）這個療癒關鍵。

如果你是在自戀型家庭中長大，可能至少扮演過以下其中一個角色。

你曾是那個承受辱罵、霸凌和侮辱的孩子嗎？你是否疲於奔命、努力想讓大家都覺得滿意，像個小小的外交官？你是否察覺到自戀型父母行為有問題，這卻會威脅到他們的自尊心？你看到這些角色時，可能會注意到有些角色重疊，例如你可能同時是真相的洞察者或代罪羔羊。如果你來自重組家庭，可能會在不同的家庭中扮演不同的角色。隨著年齡增長，你的角色也可能會改變：也許小時候是寵兒，但隨著弟妹出生，或是你不再可愛、不再是父母自戀的餵養來源時，便可能失寵。家庭成員愈多，這些角色就愈可能全部存在；在較小的家庭中，兄弟姊妹可能會擔任多個角色，而部分角色則完全不存在。這些角色也可能會延伸到大家族中，包括了堂表兄弟姊妹、叔叔阿姨們等。

遺憾的是，如果你的父母都是自戀型或對立型人格，這些角色可能深入你的骨髓，成為你滿足需求的唯一方式。這些角色讓你陷入違背真實自我的認同感，並可能延續到你的成年關係中。因此，務必要覺察到這些角色，然後逐漸脫離它們。你扮演過的角色愈多，擺脫角色並回歸真實自我就愈辛苦。

接下來，我們就要逐一探討這些角色。

寵兒

在史密斯家中，雪莉確實獲得了母親大量的關注，但她也要承受母親的憤怒與失望，這讓她在追求自己興趣時，感到龐大的焦慮。寵兒（The Golden Child）就是父母偏袒的孩子，是自戀型父母最喜愛的自戀餵養來源。寵兒通常代表著自戀型父母重視的特質：他們可能與父母相似，外表出眾、順從聽話，或是成績優異、運動表現突出。寵兒的成功、外表或行為都餵養著父母，他們達成父母的期望來滿足自己的依附需求。有時，寵兒會比兄弟姊妹獲得更多、更好的資源（像是自己的房間、車子、學費）。但寵兒的地位既危險且有附帶條件，他們知道假如自己表現不佳或交不出漂亮的成績，在父母眼中的價值隨時可能下跌。

富有同理心的寵兒可能對於自己成為「被選中的孩子」有罪惡感、難過，甚至羞恥，因為其他兄弟姊妹未能得到相同的待遇。缺乏同理心的寵兒則可能變成霸凌者，或者長大後成為自戀者。如果你曾是寵兒，你可能受困於不願失去這個角色的牢籠中，不斷取悅自戀型父母，進而限制了你自由追求自己興趣和人生道路的能力。在成年後，你可能仍然仰賴自戀型父母的肯定，並感到有責任主動照顧年邁父母的生活，因為其他兄弟姊妹可能已選擇退出。然而，即使長大成人了，如果你達不到自戀型父母的期望，他們可能會收回所有的肯定。

如果你曾是失能家庭中的寵兒，就要覺察到這個角色對兄弟姊妹的影響，並了解這可能仍然是你與他們之間關係緊張的原因。他們在說出對父母的看法或童年的經驗時，切勿否認或扭曲他們的認知，因為他們的經驗可能與你截然不同。如果你曾獲得充足的資源，而兄弟姊妹（或另一位家長）未能享有同等待遇，你可能會有倖存者的罪惡感，因此尋求心理諮商來探討這種罪惡感與悲傷也同樣重要。另外，小心不要把這種世代循環延續到你的下一代，切勿讓你的孩子成為寵兒。

代罪羔羊

自戀者經常利用和傷害別人來調節自己的行為和情緒，這就是代罪羔羊的角色用途。如果你曾是代罪羔羊（Scapegoat），你可能承受了自戀型父母大部分怒火，也遭受最嚴重的心理創傷。你可能因未做過的事而被責備、承擔了過多家務、不像兄弟姊妹一樣得到資源、從小就經歷了自戀型傷害的所有層面，包括最嚴重的身體傷害。這些都可能會導致心理傷害。舉例來說，史密斯家的黛安就是代罪羔羊，她面臨著可能對健康有長期不良影響的無數問題，包括飲食失調和強迫症狀，這些可能是為了在家庭系統中尋求安全或應對壓力的方式。

代罪羔羊的出現可能有多種原因。自戀型父母可能認為你軟弱或討厭，把你當成威脅或太過脆弱。代罪羔羊通常會成為父母投射羞恥感的主要對象。另外，代罪羔羊可能不符合父母的期望，或未能提供足夠的認同。舉例來說，父親是運動型自戀者，而兒子選擇從事藝術工作或沒有運動細胞；或是孩子不符合父母對性別角色的期待。成為代罪羔羊也可能反映更大的「家庭圍剿」（family mobbing），即全家鎖定的代罪羔羊，兄弟姊妹可能因為想避免父母發飆而附和。

身為代罪羔羊，你可能在成年後感到與家人十分疏遠、自尊心低落，而且缺乏歸屬感。你可能面臨兩條路，較不好的那條路會讓你繼續因為身分認同、缺乏自尊且焦慮而辛苦，不僅可能在成人關係中陷入創傷羈絆循環，還可能無法擺脫家庭漩渦，永遠都努力要贏得自戀型父母的肯定。較健康的那條路則是選擇立下界限，或遠離帶來傷害的家人（你也可能介於兩者之間，雖然離家卻依舊有認同、自尊和焦慮的問題）。

代罪羔羊的角色可能帶來極大的痛苦，甚至造成複雜的創傷。此時，創傷知情諮商就非常重要。如果你曾是家中的代罪羔羊，就要找到屬於自己的聲音、建立新的支持系統、培養後天的家人，並投入能帶來自我成就感的活動，以獨立於原生家庭的否定系統之外，逐漸長成真實的自己。

小幫手

如果你曾像湯瑪斯一樣扮演小幫手（The Helper）的角色，就可能透過滿足自戀型父母的需求來保護自己。這可能包括煮飯、打掃、照顧年幼的弟妹，甚至要負責安撫父母。你可能藉此獲得某種控制感或安全感，因為你能「做點什麼」來維持自戀型父母的關注，但這也可能讓你感到身心俱疲、學業表現不佳，並錯過與朋友相處和正常童年的機會，因為你必須「服務」自戀型父母。值得注意的是，擔任小幫手與健康家庭中「全家分工」的協作心態大不相同。在健康的大家庭、單親家庭或經濟困難的家庭中，分擔家務可能有所必要，但通常會受到感謝和肯定，孩子在這樣的環境中感到安全、被愛和支持，而不是為了換得關愛才做這些事。

如果你在童年就是小幫手，可能成年後會繼續在關係中成為小幫手或在職場中過度付出。自戀型父母習慣把孩子視為滿足自己需求的工具，而擔任小幫手的孩子則被迫進入這個角色。部分孩子明白這是獲得父母關注的唯一方式，部分孩子則是為了取悅父母、避免怒火並維持家庭正常功能。如果你在成年後仍未擺脫小幫手的角色，可能會發覺自己仍在幫助父母、妨礙了自己的生活，而兄弟姊妹指望你來處理一切。

如果你曾是小幫手，就要開始練習說「不」，不需要總是覺得自己得幫忙洗碗、接送家人或處理大小事。我明白不「做點什麼」可能會引發焦慮，但這是放下小幫手這個身分的過程。從拒絕小事開始，慢慢地立下界限，逐步擺脫小幫手的身分。

調停者和平使者

在自戀型家庭系統中，擔任調停者／和平使者（The Fixer/Peacekeeper）的孩子就像是家中的小小外交官。舉例來說，安德魯是家中的調解員，總是要當和事佬或安撫他的父親，同時也努力確保弟妹不受到心理上的衝擊。如果你是調停者，你可能是出於焦慮、自保、被拋棄的恐懼，或是想保護別人而成為這個角色。你非常清楚自戀型父母脾氣火爆，所以不斷設法維持和平。你可能也亟欲保護，努力替另一位無辜的家長、被當作代罪羔羊的兄弟姐妹或家中其他成員（甚至寵物）擋下衝突，以免態勢升級。某種程度上，你就像是家中的小丑，試圖轉移自戀型父母的注意力，預防任何可能激怒他們的情況，方法可能是轉移話題，甚至主動背黑鍋來平息衝突。這是耗費心神的角色，長期下來你會覺得草木皆兵，隨時注意可能引爆的事。不幸的是，你可能在無意間助長了自戀型父母的行為，想要討好每個人（包括自戀型父母）來緩和衝突，甚至可能在維持表面和平的名義下，哄騙大家默許自戀型父母的行為。

長大成人後，你可能仍會維持調停者的角色，持續插手家庭糾紛、擔任裁判，在失能家庭群組對話中安撫每個人，設法讓一切表面上看起來正常。在家庭之外，你可能有很高的風險陷入自戀型關係中，總是想居中協調、找到解決方案。你可能也會迴避衝突，因為這是創傷羈絆的常見模式。調停者經常順從自戀者的需求，避免立下界限，因為界限可能會引發緊張和衝突。

想要克服在童年形成的調停者角色，就要允許自己去感受不打圓場或維持和平時產生的那股焦慮。不妨從允許自己跟原生家庭立下小界限開始，例如暫時退出家族聊天群組，停止擔任化解衝突和管理自戀型父母的角色。

隱形的孩子

如果瑪婷沒能自己找到回家的路，可能就會整晚待在學校，她的父母彷彿懶得付出關心。她就像是隱形人一樣。如果你曾是隱形的孩子（The Invisible Child），也可能在忙亂中遭到忽略。你的興趣沒有受到培養，你的需求也沒有得到關注。自戀型父母幾乎不會注意你、關心你或主動找你說話，隱形的孩子在心理上幾乎完全被遺棄了。

最讓隱形孩子痛苦的是，有些兄弟姐妹是受到重視的，尤其是家中的寵兒。因此，你的經驗與他們的經驗形成強烈對比，進而加深來自自戀型家庭孩子特有的「我不夠好」感受。這樣的處境極其痛苦，因為就連代罪羔羊也會「被看見」（儘管這種看見對他們有害無益）。在某些家庭中，隱形的孩子可能進一步變成「迷失的孩子」，即成為缺乏方向感、在家中存在感時有時無的孩子。

如果你曾是隱形的孩子，你可能不得不自己解決很多問題，從重大的人生決策到學校的問題。「沒有受到大人重視」會讓你感到自己缺乏價值、自尊心低落，並影響你為自己發聲的能力。這會讓你成年後容易陷入自戀型關係，自戀者最初對你投以關注的目光，但長期下來卻忽視你或剝削你。唯一的安慰是，你漸漸脫離原生家庭時，可能也不會有人注意到。然而，風險在於你可能一生都拼命努力想讓家裡的人重視你，但這種努力往往不會有結果，只讓你陷入有毒的系統之中，否定真實的自我，設法達成他們的需求來獲得關注，而錯失在原生家庭之外發展自我認同的機會。

想要擺脫隱形角色，必須非常謹慎，因為並非所有的關注都是好事。找到屬於你的方式，讓自己以真實的模樣被看見。不要再向你的原生家庭分享自己的成就、喜悅和經驗，因為假如這些事無法得到肯定，只會有損你感受到的喜悅，恐怕還會讓你重蹈想「被看見」的覆轍。

敢說實話的孩子

在每個自戀型家庭中，都會有一個洞察力強且有智慧的孩子，能看見自戀模式的毒性和殘忍（儘管當時可能還不懂得確切用語）。這就是所謂敢說實話的孩子（The Truth Seer/Teller）。如果你曾是這樣的孩子，那你就具備了天賦，也可能使你身處險境。即使你什麼都沒說，你的存在本身就可能讓自戀型父母感到羞愧。也許你曾說過像「媽媽不喜歡別人覺得她不聰明」這樣一針見血的話，因此很快就讓你成了代罪羔羊。儘管自戀型父母經常設法讓你閉嘴，他們卻無法阻止你看見眼前發生的事；你可能曾安撫受傷的兄弟姐妹，或跟受益於家中資源的寵兒爭論；你可能曾默默或明確指出自戀型父母穿著「國王的新衣」。然而，在長大的過程中，你可能成為眾人眼中的害群之馬，清楚地看見家中成員的互動，最終卻被自戀型父母拋棄。

如果你是敢說實話的孩子，可能一直在等待遠走高飛的機會。舉例來說，湯瑪斯在史密斯家中是個小幫手，但他同時也是家裡最能看清真相的人，所以他一有機會就立刻逃離了原生家庭。然而，即使你擁有這樣的智慧，正由於你是在自戀型家庭中長大，可能依然會焦慮不已，儘管你已很有韌性。你也許缺乏足夠的自信或自我價值感來執行你的逃離計畫，或是對於離開手足或另一位非自戀型家長有罪惡感。你也可能因為明白自己從未享有安全的環境或無條件的愛，而長期感受到一股哀傷。

不過，你也可能因此而茁壯。你可能很擅長立下界限、有很敏銳的直覺，能辨識不健康的情境，適時抽身以免捲入其中。如果你的家人聽命於自戀型父母而拋棄你，這可能會帶來極大的悲傷。這時，接受諮商來處理這些情緒，並培養健康的支持系統（所謂「後天的家人」）就顯得非常重要。你具備難能可貴的天賦，好好珍惜自己認清毒性模式、果斷行動的能力。

理解自己的過去

在理解自己的成長背景後，你可能會感到不知所措。因為你會意識到，自己部分美好的特質反而害你陷入了危險之中，同時還必須在這個社會、職場或家庭中保護自己，而這些環境往往無視，甚至漠視你的處境。身為心理師，我在談論理解成長背景、個人脆弱和童年在家中的角色時，都會努力避免把全部責任放在倖存者身上，像是我不希望影射有人是調停者才會處於自戀型關係。正因如此，我們才必須理解一般人、家庭和社會如何助長自戀型人格，又放大我們的脆弱和自我懷疑。

在經常否定孩子的自戀型家庭系統中，常常會有「看到也不說」的情況。如果你指出自戀型家人的問題，就會被視為找麻煩，或遭到噤聲、扭曲認知，甚至排擠。職場上也會助長自戀型人格，即保護那些「搖錢樹」、獎勵業績好的員工，甚至無視他們傷人的行為。如果有人設法揭露職場霸凌或其他不當行為，可能會被下封口令，或是認知遭扭曲。無論是鼓勵或讚揚猖狂的自戀行為，還是選擇視而不見，這樣的文化成了助長自戀的幫兇，讓這些惡性循環在世代之間和社會中不斷重複。即使你覺察到自己的過去和脆弱之處，整個大環境持續在強化這些自戀模式，這代表你需要在一個有害的生態系統中設法療癒。如果你感到寸步難行，並不是你不夠努力，而是因為環境本身並不健全。

話雖如此，你還是能辦得到。最簡單的療癒就是回到內心深處，擁抱那個曾脆弱的小孩，他好需要有人告訴他「這不是你的錯」、「這不是你的責任」、「你的聲音很重要」。你可能會發現，自己經歷了多次脆弱的時刻，交織出一段複雜的生命故事，不僅說明了為何你會受到自戀型關係的吸引，更重要的是也解釋了為何你無法輕易脫身：你也許成長於自戀型家庭、受過創傷、極具同理心，認識自戀者時正處於人生過渡期，種種脆弱大幅增加了創傷羈絆、自我懷疑和自責的風險。療癒就是指理解這件事。

你無法時光倒流去改變你的過去，但你可以保持對這些脆弱時刻和經驗的敏感度和覺察力。療癒往往只是單純地睜開眼睛，更清晰地看見這些情境，這些方法有助於整合你的脆弱與世界觀，考量自戀型關係中的風險和動態，同時也可以保護自己。

保持正念並放慢腳步

你過去的脆弱可能會內化成為反射動作，例如急著去幫人解決問題，或總是停下手邊的事去聆聽別人的煩惱。想要改變深植於內心的慣性，唯一的方法就是要先對它保持正念。從放慢腳步開始，然後跟自己對話，留意自己的反應方式。如果你正處於生活步調緊湊的人生階段，可以深呼吸、冥想和放慢思緒來練習正念。花十分鐘做一件日常小事，像是洗碗、摺衣服、買菜、填表格，但刻意放慢速度，專注於刻意為之的狀態。快速行動常常導致我們心不在焉或缺乏分辨力，因此練習放慢日常的節奏，有助於明辨過去的心魔悄悄將你拖入有害慣性的時刻。你的長遠目標和抱負（例如婚姻、子女、事業）固然重要，但如果急於進入關係或抓住機會而忽視了不健康的模式，這些目標反而可能會出現偏差。

學會明辨

打好正念這個重要基礎，就能邁向下一步：明辨。明辨包含兩個要素：你如何評估新認識的朋友，以及你如何與現有親友相處。對於新認識的朋友，明辨的意思是觀察他們的行為，了解他們如何回應壓力、接受回饋，以及尊重你的時間，然後認清這些事實，而非替不健康且難以接受的行為找理由。運用我在研究所學到的技巧：第一次發生是偶然，第二次是巧合，第三次就是慣性。「三次法則」能讓你給予別人機會，同時也允許自己在發現問題時退一步自保。

對於生活中現有人際關係，隨時可以開始以分析的眼光檢視他們的行為。把明辨的能力應用在人際關係上可能很難，所以不妨像看待食物一樣思考：你不會吃壞掉或難吃的食物。明辨就是願意遠離對你無益的人，而另外一個重要功用則是當警訊與不舒服的模式逐漸累積，可以防止你陷入糾結。

自我檢視是很好的明辨練習。注意你與生活中的自戀者相處後的感受，包括情緒、心理、身體，甚至是能量層面的變化。與身心健康的人相處後，你進行同樣的檢視。如果對方身心健康，你可能會感到活力充沛、深受啟發、開心且思路清晰；如果對方是自戀型人格，你的感受如何？我猜大概是疲憊、沮喪、厭惡或生氣。接著，思考你在與對方接觸後對自己的感受。良好的健康互動，會讓我們自我感覺變好（我常說，跟善良的人相處後，我們會感覺自己「長高了一點」）。然而，與身心不健康的人相處後，你可能會感到自卑、自我懷疑、身心俱疲，甚至覺得自己「不如人」。這些檢視可以讓你有新收穫，之後運用在新的人際互動中，幫助你保持對自身感受的敏銳度。你知道健康心態帶來的感受，只需要放慢腳步、仔細留意。

我們無法在每次互動中都能明辨一切，除非你得是機器人才辦得到。如果你是有同理心的人，仍然可能再次受傷，但沒關係。這並不代表你永遠會被困在有毒的關係中，相較完全喪失你內心良善、美好和溫柔的一面，而不再願意接納新朋友，偶爾受點傷或許還比較好。明辨是一輩子都得動態調整的過程，讓你願意承認自戀行為模式是固定不變，而且對你有不良影響。明辨並不是指你必須遠離別人，也許只是要你往後退幾步，持續觀照自己的感受。如果寬恕是你的本性，那就留意你的寬恕是否能促進關係成長和行為改變，或你是否持續原諒相同的過錯。如果一個人持續行為不當，而你又不斷原諒他們，那就要在寬恕中加入明辨。你可能有過「寬恕即神性」的信念，但如今卻明白，明辨也許才是超凡脫俗。

採取相反行動

你過去的生命故事和扮演的角色，可能讓你養成有害的反射行為，這些反應可能會對你造成傷害，並且建立難以改變的習慣。無論再怎麼難，不妨採取相反的行動來打破慣性行為。舉例來說，按捺住想要修復、原諒或給予第二次機會的衝動。在其他人際關係中，也多多練習這件事。有人好像需要幫助但沒有直接提出時，就不要急著插手解決問題。思考自己拯救行為的源頭。如果你認識了新朋友，不妨考慮在前三到六個月內，避免像平時主動幫忙對方解決問題，也不要急著出手相救。

打造讓你安心的地方

生活中能有些讓你感到安心的地方很重要，讓你不用擔心自己的過去或脆弱會遭人利用，無論是與朋友相處、找信任的家人聊天，或是參加諮商和互助團體，都對療癒很有幫助。如果你小時候是家中的代罪羔羊或如同隱形人，你可能單純想被看見、被好好地理解，而這些安心的地方有助你擺脫過去僵化的角色，讓你更自在地做自己。有毒的關係往往浪費時間，你可能很難在這些關係中培養和維持健康的相處空間。你可以先從簡單的事開始，聯絡身心健康的親友，刻意地把時間和心思放在這些關係上，而不是一直替自戀者收拾爛攤子、解決問題或原諒他們。只對毒性關係保持基本的聯繫，把心力留給能讓你感到安心的人事物。

了解相關知識

多了解關於自戀型人格的資訊。如果你的家人之間關係融洽，也許能跟他們分享這些知識，讓他們成為支持你的避風港（但千萬不要在自戀型家庭中分享！）。翻閱本書前面幾章，就會發現重點不是在貼上「自戀」標籤就不管了，而是要認清對你有害且難以改變的不良行為。

設定規則

我們在開刀後，醫生通常會叮嚀一些規定，像是六週內不能提重物、一個月內不能彎腰、兩週內不能開車等。我們遵守這些規定，才能恢復健康。同樣地，有鑑於你的脆弱和過去經驗，立下明確的規則和界限才能保護你，像是在人生重要過渡期避免進入新關係、正式約會交往前先找到可當後盾的親友，或關掉通知，以免自戀者的任性需求打擾你的工作。這些規則可不是憑空捏造，而是像護欄一樣把你拉回來連結自己，同時提醒你多休息一點，直到你覺得自己變得強大。

考慮諮商

根據你過去的創傷或跟自戀者的相處經驗，創傷知情諮商可能少不了。這個諮商的核心是讓你知道，創傷不能定義你，你有一個獨立於創傷之外的自我。有些人因為曾經被背叛而出現信任的問題，時而不信任人、時而付出過度信任或相信了錯的人。諮商可以幫助你探索自己與信任的關係，練習做出健康的選擇，單純認清你有自主權，能做出自己的選擇，而這種權利常常被創傷和自戀型家庭奪走。

保持開放心態

過去的經驗可能限制了你，讓你覺得凡事無法改變，但你的生活和人際關係不見得只能維持現狀。保持好奇心是一種強大的動力，探索不同的路可能會讓你惶恐不安，甚至勾起懊惱等不舒服的情緒。但就算只是萌生「人生可以不一樣」的想法，也能大幅改變你的觀點。你不需要立刻做出改變，只要對不同的可能性保持開放，就能在內心種下一顆小小的種子。這不只是對目前的生活保持開放，也包括對自己和內在潛力保持彈性，鬆動所謂「人生只有一條路」的想法。務必記住，你的內心擁有無數條可能的路。

找出自己慣用的藉口

你過去的脆弱和角色可能讓你在與自戀者相處時，不自覺找藉口合理化現狀或否認問題存在。但當你開始看清楚藉口就是藉口，你就能更快覺察自己。寫下並反省你常常掛在嘴邊的藉口，例如：「她不是故意的」、「也許我要求太多了」、

「可能是我自己太傻，一味希望別人有禮貌」、「他不懂事」、「我想太多了，她本來就是這樣溝通的啊」、「他年紀大了」。你可能會發現特定的模式，例如面對家人和朋友會有不同的藉口來合理化，或是常拿藉口來扭曲自我認知（像是怪自己每次都太敏感，來合理化自戀行為）。你也可能發現自己按照性別、年齡或認識時間長短而改變合理化的方式。另外，你也要思考過去的經驗和脆弱如何促成這些藉口。如果你是個有同理心的人，可能會設法同理對方說：「他們只是今天狀態不好」，如果你是個拯救者則可能會說：「他們只是需要有人幫忙啊」。你把這些全部寫下來，正念觀察自己的藉口，逐漸看清你的人際關係。

面對罪惡感

罪惡感是一種不舒服的情緒，當你覺得自己做錯事就會出現。但罪惡感相當主觀，當你設下界限、期待別人盡責守分，或拒絕參加明知自己會受傷害的聚會時，可能還是會有罪惡感。多年來，我發現許多經歷過自戀型傷害的倖存者經常心生罪惡感。我通常會問他們：「你做錯了什麼？」

你在出現罪惡感時，問問自己：「我做錯了什麼？」再接著問：「如果別人做了同樣的事，我會覺得他們錯了嗎？」把這些想法記錄下來可以派上用場，思考過去的經驗何以放大這種罪惡感，以及對於生活中不同人際關係的影響，有助於你開始對抗這個慣性。你可能會發現，讓你有罪惡感的「壞事」其實是單純的快樂，像是生日那天休假一天、偶爾睡到自然醒，或不再跟長期扭曲你認知的人來往。

記住你的優點

對很多倖存者來說，找到自己的優點是數一數二困難的事。但實際上，正是你的優點吸引了自戀者，也保護你在關係中的安全。這些優點同時也是讓你困在其中的部分原因，你可能會發現自己很有彈性、任何突發狀況都準備周全、解決問題能力高超，或總是能找到辦法。你一直都有吸引自戀者的特質，例如創造力、幽默感、智慧等，只是可能變得比較隱而不顯。寫下這些讓你度過難關的優點，讓你知道自己在自戀型關係中並非只是被動配合，而是主動在求生。

正視並理解你的過去、脆弱和在自戀型關係中被賦予的角色，可以幫助你更有覺察力、更能明辨自己的情況。不過，你開始改變並立下界限時，可能會遇到別人的反對或質疑。但只要持續深入探索這些模式，你就會逐漸找回真實的自我，那個不需要討好自戀者需求和喜好的自我。療癒並不代表所有自戀型關係會突然消失，而是代表你能在這些有毒的環境之外繼續成長，並為未來可能認識的自戀者做好準備。成長和追求自我認同的過程，就是勇敢面對自戀型關係造成的傷害，療癒的核心就是完全地接納現實。

第 5 章

完全接納現實

不再期望對方會改變，把心力放在自己身上

痛苦以電光石火的速度到達內心，但真相卻像冰川般緩慢地觸及內心。

——《動物之夢》／芭芭拉．金索沃（Barbara Kingslover）

你可能聽過天鵝與蠍子的故事。蠍子魅惑了天鵝，請求天鵝載牠過河，同時承諾不會螫牠。天鵝雖然直覺不該答應，卻還是同意了（蠍子不只做出虛假承諾，還運用愛的轟炸來討好天鵝！）。毫不意外地，到了對岸，蠍子還是不顧承諾螫了天鵝。無論蠍子多會說服人，牠終究還是會螫人。這就是蠍子的本性。

蠍子和自戀者有著類似的套路。不管他們多有魅力、多會奉承、給予再多承諾和虛假的安慰，自戀者都不會改變，最後還是會傷害你。比起了解自戀症，更重要的是認清這些不健康的行為模式在你們的關係中如何運作。許多深入分析都是針對自戀者言行的背後原因，但這些其實都對療癒不重要。重點不在於「他們為什麼這麼做？」而是「他們確實這麼做了，這對我產生不良的影響，而且他們還會再犯」。完全接

納現實，就是承認這個始終如一、無法改變的事實，好讓你能往前邁進。

了解何謂接納現實，就要同時明白什麼是接納，以及什麼不是接納。接納不代表你認同自戀型關係中發生的事，也不是屈服或投降。接納並不等於你是個任人踐踏的軟腳蝦。完全接納現實，是指承認自戀型關係的現狀，最重要的是承認「他們的行為不會改變」。完全接納現實是指允許自己獲得療癒，因為你不再把心力浪費在修復關係上，而是專注於讓自己前進，否則就是持續抱持著不切實際的希望，期待關係能變好，永遠陷在這種被否定的惡性循環之中。

認清現實的力量

露易莎終於明白了。她深陷一段自戀型關係二十五年，經過諮商、參加互助團體後，她終於懂了：她的伴侶不會改變。以下是她恍然大悟的時刻：她精心準備了晚餐，對方原本答應會準時到家卻臨時說要「加班」，這類情況大約發生一百次了。這就是俗話說的壓垮駱駝的最後一根稻草，當天晚上其實並無特別之處。

他說不會回來吃飯時，她甚至沒有生氣。等他終於回家時，她異常地平靜，沒有像往常追根究柢地問他去哪裡，也沒有急著擺好碗筷和熱菜。她連起身都沒有，也沒有用酸溜溜地語氣指了指餐盤和微波爐，然後按播放鍵繼續看她的影集。她已跟這樣時刻對抗了數百次，就是為了逃避註定如此的悲傷。她的感受很複雜，既難過卻又清醒和輕鬆。

另一個類似的例子：科斯塔已忍受太太二十五年來的侮辱。在太太眼中，他不是做得太多，就是做得不夠。他支持太太打拼事業、專注照顧孩子，還要容忍太太的家人把他跟更成功的大舅比較。他的家族中從來沒有人離過婚、孩子就是他的全部，他無法忍受如果離婚，可能有一半的時間要跟孩子分開。他的朋友們都清楚他太太對待他的方式，但他通常會回應說：「女人在那個產業很不容易，她把強硬的個性也帶回家了。」

科斯塔的妹妹給他看一段討論自戀型人格的影片時，他刻意推開不看，覺得一個男人這樣想自己的太太宛如背叛。然而，他的健康狀況愈來愈差，各種衝突的責任壓力，以及持續貶低與認知扭曲讓他心力交瘁。他不想去進行心理諮商，但跟妹妹談話時，他承認自己其實就是不想探索自戀型人格，因為他很害怕發現不好的事。

在面對自戀型人格時，所有的路都很危險，但只有一條路能引領你到理想的終點，那就是完全接納現實。當然，就像露易莎的故事所顯示，接納自戀的情境能讓你看清現實，讓你終於停止妄想。必須接受你的關係無法改善，不會有浴火重生的奇蹟，自戀者永遠不會真正試圖去看見和理解你，這些都會帶來重大的打擊，坐實你情感上或理智上努力逃避的失落。

然而，接納不只開啟了療癒和成長的大門，還能給你一種解脫感。某種程度上，這就像是知道考試題目本來就沒有正確答案，所以你不可能答對，終於可以放下那個錯誤的信念，不再以為有方法可以「修復」這段關係，這樣你就能停止浪費時間，把時間投資在自己身上，以及那些真正對你有益的關係和目標上。

大部分的人都不喜歡完全接納現實帶來的失落感、無力感或是希望的消逝。我們不想面對情況無法改變的難過；我們想要避免衝突；維持現狀會讓人感到安心。完全接納現實就一定要離開這段關係嗎？不一定。但沒有完全接納現實可以真正療癒嗎？不太可能。如果像科斯塔一樣，你依然相信關係可以改變，或是覺得改變方法就能讓事態好轉，那就表示傷害、自責和失望的循環會永遠持續下去，這樣生活起來也很辛苦。

療癒的起點

我記得有個案主負責管理大型團隊。雖然他管理了一百名團隊成員，但其中三個人卻比其他九十七人加起來還更花時間和心力。因為處理這三個人製造的麻煩，他感到過勞、焦慮、心神不寧和筋疲力盡。他看出這三個人行為的共同點（一連串自戀行為），並且了解自戀型人格後，就開始慢慢完全接納現實，不再把自己看作是個糟糕的主管，而是改變了招募和考核流程。他認清一件事：除非他卸下主管一職，否則他就必須繼續想辦法應對。他承認這仍然不太容易，但他發覺自己在管理上已盡力時，也就感覺沒那麼心累了。他只需要等到可以開除他們的那一天，或是希望他們自己辭職。

療癒本來就是條艱難的路，如果沒有完全接納現實就想療癒，就像腿斷隔天就要走路一樣。清楚看見自戀型關係和行為，對認知扭曲和否定不再感到意外，即使還處於自戀型傷害中也能保持堅定，但要有務實的期待，明白這不會改變，這些都能讓你慢慢切斷創傷羈絆、減輕自責，進而釐清混亂的局面。不過，完全接納現實並不是萬靈丹，你也必須接受就算你完全接納現實，他們依然不會改變，而且即使你有心理準備，持續惡意的行為還是會傷到你。

我引導案主從自戀型傷害中療癒時，都會處理「驚訝」的問題，即他們看到又來了一則惡意滿滿的簡訊、電子郵件或對話時的詫異，都會說：「我不敢相信又發生這種事情了，他怎麼可以這樣啊？」完全接納現實後，你就比較不會感到驚訝，反倒是如果這些事「沒有」發生才會覺得奇怪。這些有毒的模式出現時，不感到意外不代表你認同，也不代表你不會受傷，而是你預料到這會發生，因而更懂得做好準備，也能在不帶評價的情況下，覺察自己對他們行為的感受。

最後，完全接納現實之所以重要，是因為這能讓你停止用這段關係的進展來評價你的人生。一旦你接受關係中的不健康模式是常態，你就能把焦點轉移到自己身上，以及對你重要的人事物上。你不再等待自戀者改變的那天，就能收回內在資源和時間，不再奢望、逃避、設法理解，以及試圖改變自己來維持關係。

完全接納現實的障礙

承認自戀型關係的現實並不容易。認清並接納這個人永遠不會改變、關係永遠不會變好，就代表你要進入的現實，這與你曾經期待、至今仍然渴望，並為之調整自己多年（甚至有時是一輩子）的世界是截然不同的。完全接納現實的最大障礙就是希望：希望改變、希望承諾會實現、希望一切會好轉、希望對方真誠的道歉或負責、希望有個幸福美滿的結局、希望這是正常健康的關係。在自戀型關係中，「希望」需要很長時間才會消退。接納現實的困難在於這會扼殺希望，同時喚起悲傷、罪惡感和無助感。

當希望破滅時，許多人覺得還沒準備好就被迫要做決定，因為完全接納現實會引發這個問題：「如果真的這麼糟糕，一切又不會改變，我真的能繼續待在關係裡嗎？」這也會引發巨大的罪惡感，好像對你應該愛的人抱持「放棄」的心態，讓你因此成了壞人。為了避免要做困難的決定，你可能會築起高牆拒絕接納現實，例如找藉口來合理化對方的行為、否認現實、編織聽起來較容易接受的個人說法（「沒有那麼嚴重啦，我們小時候很辛苦還是找到愛啦」、「關係本來就不容易，等塵埃落定就會好了」、「家庭關係本來就很複雜」、「我們認真工作，也認真吵架」）。這些都讓你繼續待在關係中，不用面對接納現實後帶來的更可怕問題，例如放棄希望、立下界限、獨處、與家人保持距離、重新開始或承認自己錯了。

但完全接納現實不一定代表要離開一段關係或處境。無論你的選擇為何，都會是一種對「期望」的轉變。這代表如果你選擇留下，就要清楚地看見這段關係和關係中的行為。

接納現實不只是看見這個人的個性和行為不會改變，還看見這不會是個安全的地方，或是你能依靠的關係。這件事並不容易做到，但踏上完全接納現實的路，就要開始單純地承認：事實就是如此，一切不會改變。一開始時，你不需要採取任何行動；你不需要分手、申請離婚或斷絕聯絡。實際上，在完全接納現實的初期，靜靜消化一下實屬必要，因為你必須消化這個巨大的轉變。經過第一步後，你就準備好做出保護自己的明智決定了。

這樣可以大幅改變你思考關係的方式，有時甚至是持續了數十年的模式，「放棄」對方可能會讓你覺得是太悲觀，甚至厭世的行為。這種想法的改變可能成為一個障礙，因為你也許不認為自己會放棄任何人。但完全接納現實不是跟自戀者斷絕關係，而是拒絕接受他們的行為，並認清這類你無法接受的行為不會改變。我們深陷自戀型關係時往往已在自我貶低，如果你覺得自己放棄對方，完全接納現實可能更加放大這些感受。「我需要懂得寬恕，我知道他們不是故意的」或「如果我放棄他們，我就跟他們一樣是壞人」的各種心理陷阱會讓人卡關，阻礙療癒的過程。不妨把重點放在自戀型傷害是行為，而不是認為「對方是壞人」，就比較不會覺得是在妖魔化對方。

其實最不幸的是，有時要等到被害得非常慘，你才會真的看清楚現實。那些小小的自戀型傷害可能還不夠讓你覺悟，常常要等到發生一些真的很嚴重、再怎麼樣都沒辦法裝作沒看到的事，例如出軌、讓小孩受傷、遭到逮捕、同事跟老闆講你的私事、令家裡或公司破產，或是他們的脾氣愈來愈暴躁，最後真的動手打你那天，你才會徹底看清楚。

有時很難看見自戀型關係的傷害，童年時期尤其如此。孩子無法完全接納父母的行為是有害的。在自戀型家庭中成長的孩子，學會了天衣無縫地合理化。[1]想要在成年後打破這些長年的慣性，最終清楚地明白父母的真實樣貌不是件簡單的事。只有完全接納你的父母或家庭不會改變，也接受你的童年無法改變，你才能開始療癒。

難過的是，有些人因為曾陷入自戀型關係和不堪的過往，就覺得自己很差勁，甚至覺得自己有缺陷。如果不願意完全接納事實，短期內確實可以逃避不舒服的感受。但是，你不會因為曾跟自戀者交往過就有缺陷，也不會因為你父母是自戀者，或現在的伴侶是自戀者，就讓你變得低人一等。看見對方的自戀行為不代表你是壞人，反而意味著你很勇敢。看清楚並接納這種難以承認的模式，還願意做出務實的選擇來保護自己，這才是真正的無懼和韌性。

假如選擇留下來，如何完全接納現實？

艾瑪多年來嘗試要跟老公溝通、表達自己的需求、把所有事都講清楚，卻往往換來憤怒和情緒勒索。她對母親也是盡心盡力，記得每個重要日子，常常去探望她。但每次以為母女關係有改善時，媽媽就會突然挑釁她，而艾瑪只要出言反駁，一切就又分崩離析。艾瑪也去尋求專業心理諮商、努力讓自己變得更好，覺得一定是自己的問題，因為這兩段關係都有她在裡頭。她罹患憂鬱症，心力交瘁且內疚焦慮，但先生和母親都說她在情緒勒索，根本沒理由這麼辛苦。

她生小孩以後，先生常常抱怨兼顧工作和家庭奶爸很累，母親則是批評她帶小孩的方式，說她陪孩子的時間不夠多。艾瑪一直在想辦法取悅先生和母親，至少要略為感到滿意。後來，她終於發現這並不可能，她承認：「我們付不起離婚的費用，所以我不能離婚。我是獨生女，所以也不能跟媽媽斷絕關係。但我知道自己的婚姻就是這樣，有時候還不錯，但大部分時候都是情緒勒索、失望和發飆。我媽極度以自我為中心，我在分娩的當下，她居然還在抱怨我為什麼不打電話給她。」

一旦艾瑪真正接受老公和媽媽的行為不會改變，而且她也沒辦法捨棄這兩段關係，便感到無比悲傷。她覺得自己能接受跟媽媽的關係不會很完美，婚姻也不會很順遂，但若要接受這些事實永遠不會改變，就像失去了希望一樣，她可能永遠都得不到充滿關愛且有耐心的伴侶，或是富有同理心的好媽媽。放下這些期待和想像，對她來說就像辦喪禮一樣難受。

現在艾瑪不再上當了，也開始培養了一些新興趣。她有朋友和心理師可以傾聽她的心情，也把時間和心力放在珍惜朋友和享受天倫之樂。她想出處理家務的變通方法，知道找老公幫忙只會帶來更多衝突（雖然自己來比較辛苦，但至少不會那麼痛苦，像是自己把垃圾桶搬進來比讓先生幫忙更容易）。她跟母親會有固定見面的日期，也了解到母親想要她隨傳隨到並不可能。有些日子特別難熬，艾瑪覺得自己的生活好假。但大部分的時候，她很感謝現在衝突變少了，也不會每天都那麼失望。久而久之，她發現完全接納現實反而讓她獲得自由，雖然悲傷的感受揮之不去，但也漸漸變淡了。

絕大多數的人至少會處於一段自戀型關係中，所以光是鼓勵你離開不會有用。完全接納現實不代表你一定要結束關係，而是要看清楚這段關係的真相，就算理解到這是一段自戀型關係的源頭，我們選擇留下來的原因可能包括經濟考量、想要維持親情、宗教因素、社會文化期待、害怕失去人脈、擔心分開後受到報復，甚至是出自於愛。然而，完全接納現實確實勝過其他留下來的理由，例如希望對方會改變。

你第一次接受自戀者的真面目時，自然會對於原本期待的關係或理想感到難過。你可能會納悶：「現在要靠什麼才能撐下去？」完全接納現實則需要你仔細檢視，為何自己要留在這段關係中，是因為孩子或金錢等務實考量？或是罪惡感或恐懼等創傷羈絆？誠實面對自己十分重要，這是接納日常現實的關鍵。現實可能會很殘酷，但也能幫助你擺脫待在這種不健康關係中的羞恥感，讓「留下來」擁有合理的脈絡（也承認沒有其他更好的選擇）。

如果你選擇繼續留在這段關係中，完全接納現實能幫助你比較不容易被自戀者激怒。因為你知道這個人不會改變，所以你較不會陷入爭執，反而更可能找到變通的應對方式，立下界限也會稍微簡單些。你不再拼命跟自戀者爭個你死我活，也不會設法贏得他們的心。你甚至可能會比較願意說「不」，因為你不再遵守他們的遊戲規則。

最終，即使你仍然待在自戀型關係中，完全接納現實能讓你找到自由。你不會再如同看著地平線找日落那般，期待不會到來的改變。你可以把心力轉移到生活的其他部分，例如健康的社交關係、有意義的目標或其他興趣。你只要不再抱著虛幻的希望、等待虛構出的未來，內心可能會有痛苦和釋懷的感覺，儘管可能五味雜陳。完全接納現實不是妥協，而是讓你能在其他健康的關係中真實做自己。這是一個很不容易的平衡：當你在自戀者前展現真實自我時，他們可能會羞辱你或對你發飆，但發展真實的自我、與別人分享正是療癒的關鍵。我曾與許多人談過，他們完全接納現實後，就不再期待自戀者能展現同理心、憐憫或尊重。他們待在這段關係中的原因各有不同，但都表示在接納現實後，現在可以保持距離，同時保有真實的自我。有些人不想與年邁的父母完全不聯絡，因此轉而提供生活的實質協助；有些人因為不想與自戀型伴侶共享子女監護權，選擇等孩子十八歲成年後再聲請離婚；還有些人選擇在找到新工作，或確保福利和退休金沒問題後，再離開不健康的職場。

在自戀型關係中，完全接納現實的目標是保持務實的期待，時時檢視自己的狀態、避免陷入創傷羈絆，並且保有真實的自我（我知道這並不容易，因為你同時還在試圖從這段關係中思考自己的身分認同）。

假如選擇離開，如何完全接納現實？

自戀型關係很少會乾脆結束，無論是否離開，你都會面對自戀行為的影響，例如持續糾纏、抹黑、操弄、罪惡感或分手後的折磨。因此，你離開了這段關係後，完全接納現實分成兩步驟：首先，你必須接納自戀者和自戀型傷害無法改變的事實；第二，你必須接受離開後可能發生的後續狀況。

自戀者不喜歡被拋棄。他們對於被拒絕非常敏感，因此如果你離開了，他們可能會想懲罰你、報復你、操弄你或對你發飆。他們也不願意放棄對你的控制。完全接納現實包括覺察到這件事：可能會發生後續的傷害。我跟案主晤談時，如果他們正在或準備跟自戀者辦理離婚手續，我都會提醒他們，整個過程可能會深感絕望且遍體鱗傷，甚至讓他們懷疑自己離婚的決定。有些人說，分手後的折磨比關係中的傷害更嚴重，讓他們差點想要復合，只為了停止這種煎熬。

這正是為何完全接納現實極為重要；結束這段關係的同時，你需要保持清醒，預料到可能發生的事，好讓自己做好準備，以免動搖決心。即使對方只是中度自戀，分手後的狀況通常也不太樂觀。完全接納現實很可能促使你下定決心離開，所以某種程度來說，即使自戀者的不良行為在關係結束後持續下去，你理應要覺得寬慰，證實了你過去感受和經驗十分正確。儘管如此，這些後續行為發生時，還是會讓人感到痛苦。

對部分的人來說，可能要等到真正離開關係後，才會開始完全接納現實。如果是自戀者主動結束關係，這點就會特別明顯。完全接納現實是處理關係結束後餘波的重要方法。觀察自戀者在分手前後的行為模式，例如快速展開新關係或持續騷擾你，都能讓你更清楚他們的行為，了解一切在意料之中。

假如離婚或分手需要分配財產或金錢，就可能會拖長自戀型傷害的時間，在這種情況下，完全接納現實正是度過難關的關鍵。在離婚手續的大小細節定案之前，自戀者的行為模式都不會停止。如果過程和結果沒有按照他們的掌控，可能會變本加厲。讓許多自戀型關係倖存者震驚的是，即使多年過去了，自戀者仍然像當初分手時一樣憤怒且充滿怨懟。

簡單來說，如果好好地接納現實，你應該能肯定預料到這一切都會發生，儘管多年後仍然會感到壓力。然而，分手後的折磨可能加重你原本就因自戀型傷害而承受的後遺症。

在自戀型關係中，要懷抱哪些務實的期待？

無論你是否選擇離開自戀型關係，完全接納現實的核心是抱持務實的期待，這也是因應和療癒自戀型傷害的關鍵。說也奇怪，這類關係都高度一致。即使是忽冷忽熱的態度、好壞交替的日子、迷人與憤怒面具輪流戴，其實全都可以預測，因為你知道這些必定發生，這讓務實的期待十分簡單。一旦你愈來愈懂得抱持務實的期待，也就愈來愈接近完全接納現實這個目標了。

理解務實期待的最好方式，就是檢視自戀者的特質，以及我們在這些關係中觀察到的行為和模式：可有可無的同理心、自以為有特權的心態、誇大妄想、否定且輕視別人、憤怒、控制欲和扭曲認知。做好這些情況都會發生的心理準備。我常常告訴身處自戀型關係的人：「千萬別把傘丟掉。」因為情況好時可能會降低你對於務實期待和接納現實的堅持。他們展現親和力、感召力，甚至偶爾表現膚淺的同理心時，就當作享受難得的好天氣，但千萬別把傘丟掉，因為大雨很快就會再來，到時你會需要這把傘，很多經歷過自戀型傷害的人都說：「可惡，我們過了兩天好日子，我就大意以為沒事，像平常一樣開了幾句玩笑，結果他馬上情緒暴走兩個小時。」

有務實期待也代表不會遭到自戀者的自圓其說、合理化或虛假承諾所矇騙。自戀者說他們不會再說謊、出軌、遲到或臨時取消時，絕對不要相信他們。完全接納現實不是要你與他們爭辯或列舉證據，證明他們會再犯，而是明白這一切，卻不與之糾纏。

這也意味著要找到變通方法。因為你知道自戀者會忘記買菜、臨時取消計劃、侮辱你的朋友或遲到，所以要提前做好安排。不要指望他們來負責重要的採購、隨時要有備案、單獨和朋友見面，選擇不需要全員到齊就能入座的餐廳。

務實期待也與資訊管理有關，意思是不要跟他們分享好消息，因為他們可能貶低你、掃你的興，或以受害者姿態以退為進。但也不要與他們分享壞消息，因為他們可能會發飆、批評、讓壞事雪上加霜。那還能分享什麼？無關痛癢的話題：天氣、鄰居養的貓、巧克力蛋糕的味道等。這算是關係嗎？不是深刻的關係，但你從來就不可能與自戀者建立長久的親密關係。務實期待的意思是了解當你努力要互動，或等待不同結果時，清楚會發生什麼結果。徹底接受，就是活出這樣的心態。

最後，抱持務實的期待是為了真正分手後可能發生的風暴。這些風暴可能來自自戀者本人：惡意訊息轟炸、漫長的監護權爭奪戰、以退為進的酸言酸語、有關你的八卦謠言。

其他風暴則是療癒過程中可能出現的難題。有些人在結束關係後立刻非常有感，因為自戀者已不再影響他們的生活，但有些人可能發現即使關係結束，自戀型傷害留下的傷痕依然深刻。許多人離開自戀型關係後，可能會驚覺自己竟然會想念自戀者，甚至會想知道如果對方看到我們的成就，是否會「以我們為榮」或佩服我們，療癒的過程比想像中更難。務實期待就是承認療癒的過程通常是前進兩步、後退一步。

促進完全接納現實的方法

你努力在生活中完全接納現實時，並非只說「好吧，自戀者不會改變」那麼簡單。你的思維需要時間來跟上，許多技巧都可以幫助你更快、更踏實地完全接納現實。

走進老虎籠

走進老虎籠的結果可以預見，但如果你真的想摸摸老虎，因為你覺得牠只是隻被誤解的貓咪，那就進去看看結果如何吧。多年來，許多尚未完全接納現實的案主向我分享他們與自戀者之間的互動模式。到這個階段，他們通常已停止表達需求，或是鮮少表達。這種逃避需求的行為是自我保護和創傷羈絆的表現，雖然避免了衝突，但也讓他們看不清有毒的模式，而且無法滿足自己的需求。我們會進行一個練習，叫作「走進老虎籠」。我不喜歡讓人置身危險之中，但有時這是唯一能讓他們真正接納現實的方法。這個練習的內容是直接向自戀者表達一個需求。可能是需要親密感、需要他們在家裡完成某件事、需要改變事業經營方針或跟你的溝通方式，甚至是針對他們的行為和對你的影響提出回饋。

接著，我會讓案主留意自戀者的反應。如果對方展現同理心或體諒你的需求，沒有馬上找藉口，並且真的嘗試解決問題，或許就不屬於自戀型傷害，尤其多次實行「走進老虎籠」後得到的回應都顯示對方有自知之明，那真的只是一隻親人的貓咪而已。但如果對方的反應是扭曲認知、情緒勒索、發飆或辱罵，就進一步證明了案主原本懷疑卻視而不見的事，這確實是自戀型傷害。

你在進行這個練習時，好好覺察自己是否對於貶抑的回應找藉口，方便你觀察自己的創傷羈絆循環。這個練習的用意是帶著意識（身處自戀型關係中就像是每天走進老虎籠），但這次你是完全清醒地進去，願意真正看見並感受對方的回應。說出自己的需求是很殘忍卻有效的方式，讓你看清楚自戀者的行為模式。遺憾的是，一般人往往需要走進老虎籠好幾次，才能確認老虎確實有鋒利的爪子。目標是在老虎傷害你之前，可以完全接納現實。

寫下真心話，但不必傳送

我們都有過這種經驗：寫了一段訊息、一封電子郵件或信件，想跟自戀者說明自己的感受，信件或訊息冗長又曲折，篇幅比平常的簡訊多好幾倍。你之所以寫這封信，是因為在面對面交談時，他們從來都不聽你說話，反而經常扭曲你的認知、打斷你或搞混你，讓你瞠目結舌。你也許以為只要把話仔細寫出來，他們就能明白你的觀點，卻沒有一次行得通。他們讀完後，不是傳來不堪入目的表情符號，就是直接回覆一段尖酸刻薄的文字，或（再度）扭曲你的認知。

現在，換一個方式來寫這封信或訊息吧。寫下你一直想對那位自戀者說的話，包括你的觀點、希望和感受。你可以坦率地寫下你對他們的看法，或是他們的行為帶給你的感受。全部宣洩出來，把所有想說的話都寫下來。但記住：不要真的寄出去！你可以選擇跟值得信任的朋友或諮商師分享，讓有人見證你的感受。多年來，我看過無數這類信件和訊息，往往充滿痛苦、辛酸，甚至帶著深刻細膩的詩意，反映出受害者的心碎與掙扎。在諮商這類安全的場域中分享這些文字，讓他們獲得同理，這是與自戀者溝通時無法得到的共鳴。同時，這些信件也成為宣洩強烈情緒（例如憤怒）的出口，這些都是在自戀型關係中無法安心表達的情緒。

寫完以後，銷毀這封信，你可以當成一場儀式。在安全的前提下，把信燒掉，或是寫在可分解的紙張上，再丟進池塘或海裡，甚至從山頂扔下去或埋在土裡。如果這些方式不可行，可以放進碎紙機，或是寫在手機備忘錄裡再刪除。重點在於，這能讓你釋放情緒，把自己對這段關係的想法與感受完整梳理一次。藉由銷毀內容，你也在承認一個事實：自戀者永遠不會真正聽進你的話，進而逐漸讓你接納現實。

列出傷人模式的清單

美化回憶和長期否認事實，常常讓倖存者反射地「忘記」這段關係中反覆的模式。在情況比較好時，你不僅容易遺忘那些毒性的經驗，也會忘了自己為這段關係做出多少犧牲。寫下傷人的行為模式，可以避免我們扭曲自身認知或懷疑自己。研究顯示，凡事只要寫下來、具體呈現在眼前，力量遠遠超過單純的思考。

你可以獨自完成這些清單，也可以邀請朋友一起幫忙。這些清單應該是可以隨時補充的文件，記錄在手機或日誌裡即可。但要確保這些清單放在自己容易存取的地方，千萬不要儲存在雲端或共享硬碟，避免其他人看到。

反感清單

完全接納現實的方法中最有力的清單，就是所謂的「反感清單」。這是記錄這段關係中所有糟糕事情的清單。把這個人做過的壞事都寫下來：他們說出口的殘忍話語、侮辱、否定、背叛、謊言、控制欲，還有被他們糟蹋的特殊日子，以及被他們扭曲認知的經驗。這個過程可能需要數天、數週，甚至數個月或數年，因為記憶會不斷浮現。如果有親朋好友見證過，他們也可以幫你補充。我曾協助許多案主和朋友列出這份清單，按照他們的分享或我親眼見到的情況記錄下來。

有些人會對這個練習感到抗拒，認為這樣是愛計較或讓人停滯不前。的確，製作這樣的清單可能讓人感到不舒服，甚至覺得自己很惡劣，或光是回想那些經驗就可能心理上惶恐不安。但當美化的回憶浮現或是恐懼湧上心頭，你開始想起兩人做愛的快感、邁阿密度假的快樂時光；假如是朋友則可能是烤餅乾的歡樂回憶、一起釣魚或出遊，這份清單可以提醒你現實的真相。

完全接納現實需要動態調整，在情況糟透時寫下這份清單相對容易，但在感到混亂或美好回憶浮現時，這份清單能幫助你保持清醒，避免自責或懷疑自己，讓你看到自戀模式高度一致。身為諮商心理師，我常常替我的案主「保管記憶」，特別是正在處理自戀型關係的案主。他們開始自我懷疑時，我會溫柔地提醒他們過去曾發生的事。案主多半很感謝我幫忙記住這些他們遺忘的事。但因為不是每個人都有心理師可以幫忙，所以「反感清單」就可以發揮這個功能。

就算你決定要繼續維持這段關係，這份清單一樣很重要。對選擇留下來的人來說，更難做到完全接納現實。要你列出這份關係中的所有壞事可能很痛苦，但這份清單可以幫助你避免自責，也能強化你的務實期待，進而完全接納現實，這樣你就比較不會落入對方的操弄陷阱。有些案主曾跟我分享，列出這樣的清單讓他們壓力很大、拖累療癒進度。這是很正常的反應，因為這份清單確實可能會引發強烈的負面情緒。慢慢來就好，療癒的過程就是尊重自己的步調和舒適度。

床上餅乾清單

也許自戀者會因為你炒菜加大蒜而發脾氣，或是不願意陪你看有字幕的電影，或是取笑你在節慶假日想做手工藝，或是因為冰箱裡放汽水而罵你。現在就放手去做吧！盡情在料理中加大蒜、來一場法語電影馬拉松、拿熱熔膠來做 DIY，或是買一箱又一箱的汽水（我個人的小樂趣是一邊窩在床上吃餅乾，一邊看書或玩手遊，正是這份清單名字的由來）。這份清單列出的內容提醒你，過去你為了這段關係放棄多少小確幸，也能幫助你更清楚看到關係中的有害模式，就更容易完全接納現實。如果你選擇維持這段關係，這份清單可以是未來要做的事，務必趁自戀者不在時，好好享受這些小確幸來避免衝突。即使只是做個貓咪毛線球當裝飾也好，行動本身就是療癒的一部分。

「現在輪到我了」清單

也許你曾夢想要讀研究所、重新裝潢房子、旅行或寫一本書。但無論是因為伴侶的需求優先，還是父母忽視你或要求過多，讓你無法抽出時間參加想上的課程，或是職場環境糟糕，只付你薪水卻阻礙了你實現真正的抱負，這些原因都可能讓你把夢想擱置一旁。現在列出一張清單，記錄因為這段關係而被放棄的遠大夢想。有些人回想遭到這段關係犧牲的人生體驗時，內心會不知所措，可能會因為夢想沒有機會實現或追求而傷感。但你不需要真的做一樣的事，像是攻讀博士班的夢想，也許可以轉化成參加當地大學的有趣課程；寫書的願望，也許會以寫部落格的方式實現。

完成清單後，挑選一個目標，每天或每週做一件小事來慢慢實現。存點錢準備旅行、重新陳列房間的家具、查詢當地學校網站，或是針對你重視的事寫下一段文字。即使你還留在自戀型關係中，也許依然感到處處受限，但仍然可以朝目標小步邁進。這個過程有助於培養「完全接納現實」的心態，因為你會看見自身的潛力，迥異於自戀者對你設下的枷鎖。

面對反覆糾結

反覆糾結是從自戀型傷害中復原的一大阻礙，可能會減弱你完全接納現實的能力。但嘗試抗拒這些反覆糾結，猶如地心引力無法逃避。並沒有「停止念頭」的練習、催眠或抹去記憶來消除內在糾結。如果你拼命對抗糾結，就可能會沉溺其中，所以不如接受糾結。直接把想法說出來：在互助團體、諮商過程、信任的朋友面前表達（但要留意別讓朋友聽到心累），或是藉由寫日記來抒發，凡是安全適當的方式都可以。

把反覆糾結表達出來，就像宿醉後「以毒攻毒」的療法一樣有效。我的案主常擔心自己把這段關係中同一件事重複跟我說了數百次，但其實每次描述的都不同。反覆描述的過程能幫助他們釋放並從中學習，把這些痛苦的想法悶在心裡，正是讓糾結過程如此不舒服的原因；這就像明明想要吐，卻找不到地方吐一樣。把反覆糾結的事情說出口，因為無論你是否相信，這種表達其實能慢慢幫助你消化那些經驗，讓你從中抽離出來。

我自己在遭受自戀者傷害後，一位朋友曾不斷聆聽我整整兩周的訴苦。她不評價、不試圖解決，也沒有要讓我心情變好，只是鼓勵我繼續說下去。兩週後，我釋放了大部分情緒，腦海中的混亂思緒也逐漸無法再影響我。

清理的重要性

我們多半不只面對一個有毒的人。一旦你看清了生活中看似迷人或霸道的自戀者，就會發現身邊這樣的人比想像中更多。如果我們無法清楚識破他們，就有可能繼續助長或忽視他們的影響。藉由立下界限、結束關係、拉開距離，並完全接納這些自戀型關係的本質，你可以逐漸拓展這些界限，保護自己免受其他不健康的人影響。清理生活中的有毒人脈，就像整理雜物帶來的喜悅一樣，能讓你倍感開心。

首先，接下來的舉動說來可能有點幼稚，但不妨檢視手機裡的聯絡人名單，把對你有負面影響的對象加上註記或表情符號當作標示，他們也許不如霸道的自戀者那麼糟糕，但依然可能讓你心力交瘁。如果他們傳來訊息，只要看到那個小註記，也許就能提醒你別輕易打交道，也可以提醒你，對於你明知道會變成單方面浪費時間的電話，要懂得拒絕接聽。這個原則也包括不要掉入「生日陷阱」，就是不小心在自戀者的生日時主動聯絡，以免讓你重新陷入自戀型關係的惡性循環中。你開始切斷或是跟這些難相處的人保持距離時，可能會感到愧疚、恐懼和焦慮，但同時也會感到解脫；而且你更清楚地看到少了這些會讓你否定自我的不必要互動後，生活品質有所提升，你也更可以完全接納現實。

整理你的社群媒體也是這次清理的重要步驟。調整設定來避免看到有毒朋友或追蹤者的裝可憐或含沙射影的貼文；封鎖部分的人讓他們看不到你的生活大小事；考慮取消追蹤那些與你生活中較具挑戰性的自戀型關係相關的人，假如關係已結束就更應該如此，這樣你就不會在他們的貼文中看到自戀者的相關內容。想辦法調整設定，讓系統不會傳送「十二個月前」或是「五年前」的照片回顧精選給你。最理想的情況是，減少使用社群媒體的時間。社群媒體上充斥著尋求關注、發洩不滿、互相比較、惡意，以及自我中心的內容，這些對療癒都沒有幫助，所以盡量少接觸這些內容。再強調一次，你接觸的時間愈少，你的身心狀態就愈好，這也有助於你更能完全接納現實。

最後，考慮把這段自戀型關係留下的照片和文件丟掉、送人或是永久封存起來（如果是家庭照片，最好先詢問其他家人是否想留著當紀念，就可以脫手處理掉）。如果你需要部分物品（例如舊簡訊或電子郵件）用作離婚訴訟等法律程序，或是想要當作「討厭清單」的項目，那就先保留下來，但舊照片可以收到儲藏室。把這些東西從生活中清理掉，就像是把鬼魂趕出房子，也趕出你的內心。

承認多面事實

完全接納現實的核心在於承認多面事實。回顧本章提到艾瑪的故事，像是「我沒辦法離婚，先生也永遠不會改變。我依然愛我的先生、也愛我的母親，我斷絕不了跟母親的關係。我母親很自私，我先生永遠不會幫忙。我母親永遠在抱怨我陪她的時間太少，帶小孩的工作多半都落在我頭上。」

在艾瑪的故事中，這些事都是屬於她的真相，看起來卻很矛盾。完全接納現實就是要列出所有多面事實，不只是壞的部分（這些你已記錄在「反感清單」中），還包括好的部分，並且最好大聲說出來，把好壞一一寫下來。你可能會感到奇怪和矛盾（我愛母親，但再也不想見到她），但當你把這些話全部說出來，就有助於突破否認和矛盾，培養接納現實的能力。

我常跟案主一起進行這項練習，有時把每個「真相」分別寫在不同的紙上（例如索引卡），避免受到彼此的影響。這有助你突破所謂的「認知失調」（cognitive dissonance），即當我們面對情感不一致時產生的衝突（我愛他，他卻劈腿）。一般來說，我們會試圖透過合理化某些事來消除這種衝突，好讓凡事說得通（他出軌了，但是我自己最近太忙著照顧寶寶，而且那只是一夜情而已）。自戀型關係中這種認知失調會反覆出現（狀況時好時壞）。這個練習強迫你同時接納這些矛盾的真相，幫助你全面了解自己的處境，而不再合理化或掩蓋現實。這些矛盾的真相堆疊起來，可以讓你理解為何一切如此困難，並讓你能在愛一個人的同時，明白為何你可能需要與他保持距離。

人生很複雜，許多不同的事可以同時是真的。你不需要，也不應該用非黑即白的方式看待這些關係，這樣不僅否定了你的療癒過程，還把根本不簡單的過程給簡化了。你愛過這些人，有些人你可能至今仍深愛著。也許你對他們的過去心生憐憫，但逐漸意識到他們的行為對你有害。這是完全接納現實中最艱難的部分，但這能讓你明白，即使接納現實，也不代表你失去了對這個人的同理，或忘記這個人對你的意義。

完全接納自己

完全接納那些不會改變的人或情境是療癒的關鍵，這同樣適用於你自己。你能完全接納自己嗎？你是否接納自己的缺點、天賦、怪僻、個性和喜好，並認清這些特質塑造了你的身分？接納你可以改變想改變的部分、保留自己喜歡的部分，並停止對自己的批判嗎？有些人在年紀漸長後會自然達到這個境界，因為閱歷夠多了，最終明白：「這就是我。」

但你不需要等到年老才獲得這樣的智慧。自戀型關係（尤其是自戀型父母）經常剝奪你完全接納真實自己的機會，因為你從未被真正看到、聽到或重視過。於是你學會了沉默，並且不敢完全接納真實的自己。你也學會為了迎合自戀者而調整自己，為了留在關係中而壓抑真實的自我。找到真實的自己並接納自己，可能是你用來接納現實最強大的方法。因為你愈了解自己、接納自己，就愈不會犧牲或委屈自己。

這並非固執己見，而是能發覺別人是否在要求你改變自己。如果有自戀者要求你砍斷自己的手臂，你可能不會照做，但許多人卻為了自戀者的「愛」而切除自己靈魂大半部分。完全接納自己的意思是，即使狀況再糟，都要溫柔對待自己。

最近，一位與我關係複雜的人寄來一封惡意的電子郵件，嘲笑我的工作。我察覺到內心升起慣性的反應：胃部翻攪、口乾舌燥、喉嚨緊縮。我知道，這個人攻擊我的專業時，會讓我覺得自己不夠好，他過去長期讓我有相同的感受。但我真心享受著自己的工作，那一刻我允許自己承認這一點。我很難過他的行為從未改變，但我也看清了他的意圖。這次，我沒有批評自己「太過敏感」，也沒有回信，而是更加投入於我的工作。最終，我完全置之不理，這對我來說是真正的轉變，感覺太棒了。我完全接納自己、接納現狀，因此找到了全新的應對和療癒方式，我對自己說：「我熱愛我的工作，他永遠都會設法激怒我，但是我不需要回應。」

世界上許多痛苦都來自於我們無法接納自己、愛跟別人比較、覺得自己不夠好。完全接納自己就是允許自己認識自己、接受自己後再出發。練習對自己溫柔，而非批判自己，認清凡是處於自戀型關係中的人，都可能與你有類似的經驗。

試著問自己以下問題：

- 我喜歡自己哪些部分？
- 我不喜歡自己哪些部分，但這些部分真的無法改變或不想改變？
- 我不喜歡自己哪些部分，而這些部分可以改變？
- 我是個怎樣的人？
- 我看重哪些事？

在學習接納自己的過程中，你可能會發現自己的脆弱之處，例如你渴望浪漫的愛情、不喜歡一個人、對工作特別敏感，但這些都沒關係。只要記住這些脆弱不是缺點，而是你美好的一部分，值得好好保護。如果你一直貶低自己、否認真實的自己，你就沒做到完全接納現實的基本功：接納自己。

培養完全接納現實的態度，可能會是敞開心靈、大開眼界的過程。你不再希望自戀者會變善良、同理或關心你的生活，也要認清他們否定你、對你不友善、漠不關心的態度不會改變。這並不是要你放棄或是認輸，也不是要你同意他們的傷害行為，而是要你看清事實。雖然一開始你可能會覺得很絕望，或是變得很厭世，但完全接納現實是療癒的必經之路，也是讓你擺脫他們的世界、堅持自己想法的關鍵。完全接納現實會帶來巨大的悲傷，可能會淹沒我們，讓我們受困其中。在下一章，我們會學習如何消化這些關係帶來的失落與悲傷。

第 6 章

清理毒性關係的方法

處理悲傷，建立更健康的關係和人生

療癒並不是抹去過去的傷痛，而是不再讓傷痛主導我們的人生。

——大衛．凱斯樂（David Kessler）

瑪麗亞的母親克萊兒情緒不穩且善於情緒勒索，而且極度自我中心。瑪麗亞是家中的寵兒，克萊兒會享受著女兒成功的光環，但當女兒表現不夠「亮眼」時，就會無情地批評她。瑪麗亞飽受困擾，因為母親一直在提醒她為了孩子付出了多少，而瑪麗亞也覺得這是事實，畢竟母親一向非常支持她，很少關心其他兒女。瑪麗亞每天都很害怕讓母親失望，也會因為母親心情不好而自責。她覺得母親付出那麼多，感到非常虧欠，也一直記得母親那段移民和貧困的艱辛過去。所以，她承受著母親的怒火，相信只要自己「夠好」，情況就會改善。

瑪麗亞大學畢業後，克萊兒期待她能成為自己最好的朋友，事事都要女兒算她一份。她經常打電話來，要瑪麗亞跟她講好幾個小時的電話，還會情緒勒索她付出更多時間和更頻繁探望（「我為妳犧牲了這麼多，連這點小事妳都做不到，我好難過」）。如果瑪麗亞漏接電話或抽不出時間見母親，她就會因為母親接下來的崩潰而心生罪惡感。她既有金融業的工作，又要面對母親的各種要求，同時也想要打造自己的人生，但其中的平衡很難拿捏。

瑪麗亞認識未來的先生時，她開始減少跟母親相處的時間，這引發了母親的憤怒和失望，導致瑪麗亞需要經常安撫她。因為無法滿足母親的所有需求，又要陪伴她那個同樣愛使喚人、自視甚高、善於操弄、只會偶爾表現出膚淺同理心的先生，瑪麗亞最後只好放棄了她的事業。她的先生後來有了婚外情，她便責怪自己讓他失望，反覆糾結著自己該如何做個更好的太太。在這段時期，母親克萊兒鮮少給予支持，反而指責瑪麗亞不夠關心她。多年後，克萊兒罹患癌症，她告訴瑪麗亞這是因為有個忘恩負義的女兒所造成的壓力。從那時起，瑪麗亞把整副心力都拿來照顧母親，因為她不想再次面對讓母親失望的懊悔和痛苦。瑪麗亞覺得她失去了太多東西：健康的婚姻、正常的母女關係、自己的興趣和事業。接納這個現實又帶來了一連串新的問題……

自戀型關係宛如一場繁複的舞蹈：自戀者把他們的羞恥感投射到你身上，而你因為有同理心和責任感，可能會接收這些投射、加以整合內化、進而覺得自責，最終為這段毒性關係背負責任。只有在這種結構下，自戀型關係才能持續下去。當有一天你終於接納現實，即自戀型互動模式不會改變，而且這一切都不是你的責任，這些惡性循環就會改變，而這段關係也就無法再「運作」了。

自戀型關係帶來的悲傷相當獨特，這類關係攸關失去機會、希望、抱負、自我生命的詮釋、直覺和自我認同。最後，不逃避悲傷，而是勇敢且痛苦地走過這段旅程，對於療癒來說實屬必要。否認、忽視或淡化悲傷的過程伴隨真實的風險。就像勞勃・佛洛斯特（Robert Frost）曾寫過：「最佳的出路永遠是直接穿越。」你必須消化這些失落，才能在內在騰出空間照顧自己、建立更健康的關係和人生。本章會介紹一些方法，協助你開始處理你的悲傷。

自戀型傷害後的悲傷

蘿倫五十多歲時，有位摯友突然去世。這場死亡敲響了警鐘，提醒她生命可能隨時結束。回首過去，蘿倫難過地發覺，自己因自戀型關係的後遺症，錯過了太多機會和夢想。蘿倫從小與極度自戀的父親相處，花了大半輩子努力討好他。她為父母還清了房貸，還延後了自己的買房計畫，竭盡所能讓父母認為她是個「好孩子」。

蘿倫後來認清，自己從來沒有在原生家庭中，獲得許多人視為理所當然的生命要素，內心的悲傷愈發沉重；她不曾覺得被重視、不曾見過充滿愛與尊重的婚姻、也不曾有足夠的安全感去尋求引導、也不曾覺得自己有價值。正因為缺乏這些經驗，她不敢追求親密關係，而是經歷了多任常常會貶低她的自戀型伴侶。她認為自己的不善社交、情感遲鈍、無法建立親密關係都是自己的錯；但實際上，她是一個溫暖、有幽默感且富有同理心的人。現在蘿倫更加勇敢地為自己而活，但她依然感到悲傷，因為自己沒有結婚、沒有家庭、不曾旅行，又從事一份毫無成就感的工作。

蘿倫為失去的時間感到悲傷。童年充滿恐懼、否定和焦慮；希望寄託於父親和有毒伴侶卻一場空；物質上成功卻精神空虛的事業；以及等待家人放下自私、真正看見她的漫長歲月。她也因為自己沒有早點了解自戀型人格而難過，否則她也許能做出更好的選擇。

她在為自己感到悲傷。

自戀型關係帶來的悲傷無法逃避，不遵循任何時間表，所以你無法加速或減緩。這是可能持續多年的過程，需要一定時間去消化。你遲早可以放下它，但你也許終生帶著部分的悲傷。在某種程度上，為「活著的人」哀傷比悼念死去的人更加困難。悲傷的原因不僅僅是無法實現完整幸福的家庭、與人攜手偕老，或為孩子打造穩定家庭的夢想，還因為對於自己原本渴望擁有的生活而感到哀傷。

我們在自戀型關係結束後悲傷的原因不一而足。你可能為了從來沒得到的東西感到悲傷；如果你有自戀型父母，就可能會為缺乏健全的童年而感到悲傷，而你努力想給自己的孩子更健全的童年時，這種感受會更加強烈；如果你選擇與原生家庭保持距離，就可能會因為自己從未擁有安全的避風港、歸屬感、情感支持或無條件的愛而感到悲傷；你可能會回顧過去，問自己：「如果當初沒有進入這段關係，我的人生會是什麼樣子？」這交織了複雜的情感，包含思考自我認同、愛與機會的喪失，以及遺憾與不斷反覆糾結。

我們還會為那段遭到傷害的重要成長階段感到難過。在經歷了自戀型婚姻後，你也許能再婚、體驗一段健康的成人關係，但童年不會再有第二次機會了。成年後，想與自戀型父母維持關係可能不是簡單的決定，因為他們的存在也許會勾起你童年失落的悲傷。由於自戀型父母並未改變，你每次見到他們都可能再次經歷同樣的悲傷。

如果你與自戀者處於親密關係中，悲傷的原因可能不僅是犧牲了婚姻和家庭，同時也放棄個人志向、事業、身分、名譽和財務自由。你可能會因為無法與充滿關愛又善良的伴侶共度一生、白頭偕老而悲傷；你也可能會因為失去以往眼中的真愛而悲傷，也懷疑一段長期穩定的關係是否安全可靠；你可能還會替孩子悲傷，像是無法得到愛與關懷，因為擁有自戀型父母而困惑和焦慮；如果你與自戀者離婚，可能會因為與孩子分離而悲傷，也因為孩子失去功能健全的家庭而悲傷。

在關係中，你還可能經歷一種「模糊的失落感」，[①] 即持續不斷、未能解決又無以名狀的失落感。這與親人罹患失智症時的感受相似：人還在，但心不在。同樣地，自戀者在你身邊，並不代表真正的陪伴或懷抱同理心，因為他們在情感上傷害你。

自戀型關係結束時所引發的悲傷，可能會讓人感到不解，因為你也許覺得自己應該感到解脫，卻仍然感到難過。這種悲傷和失落可能讓你誤以為自己犯了錯，甚至可能讓你重回這段關係中。離開自戀型關係，代表你需要悼念自己對這段關係的期望、確實存在過的種種美好時光，以及自己在這段關係中失去的時間與自我。即使關係結束，自戀型伴侶仍然活著。他們可能會展開新的關係、再婚或繼續對你惡言相向，而這也可能引發一連串的悲傷與恐懼（「如果他們為了新對象改變呢？是我做錯什麼了嗎？」）。已死的人無法過新生活，但自戀型的前任伴侶可以。他們也許看起來走向人生巔峰，而身為倖存者的你卻仍然感到痛苦、失落與懊悔。

自戀型關係也代表著失去了天真。許多倖存者覺得自己不再相信善良，充滿悲觀厭世感。然而，悲觀厭世並非貶抑，如果這會讓你變得更加謹慎又敏銳，反而可以保護你。

自戀型傷害後伴隨而來的悲傷，符合了「隱形悲傷」（disenfranchised grief）②，係指不受別人或社會認可或理解的失落或悲傷經驗。想像一下，假如你親近的人去世，而周遭的人卻加以否認，還告訴你不必難過，你絕對會很不踏實，而正在經歷自戀型傷害或自戀型關係結束的人，往往能體會到類似的感受。一般人可能不會認為你正在經歷失落，尤其是當你還沒有離開這段關係，更不容易得到支持。這樣混沌不明的情況、悲傷經歷遭邊緣化，加上別人覺得你只是「遇到感情問題」，只會讓你更加羞愧、難過、內疚、自責。因為周圍的人不覺得你經歷的是「真正的悲傷」，你可能會覺得格外孤單。

如果你仍然身處這段關係中，單身朋友可能會說：「至少你還有另一半啊。」如果你選擇離開，已婚或有伴侶的朋友可能會說：「現在你自由了，又可以開始約會有多好啊！」家人可能會淡化父母的行為，直說「至少你的童年比他們的幸福多了」。如果你的伴侶或父母過世了，大家會來安慰和支持你。但因為你經歷的是心理和存在層面的失落，感覺上「悲傷」這個詞好像被奪走了，只有經歷過外界認可的「犧牲」之人才能使用。這會讓你覺得自己沒資格說自己在悲傷，好像只能說自己感情狀況複雜，或處於不健康的關係中。

悼念自戀者的死亡

目前討論的內容中，多半專注於陷入自戀型關係後的犧牲，像是失去了時間、自我、金錢、童年、希望、純真、信任、愛、孩子和家庭。然而，在自戀者死後，悲傷會變得更加複雜。多年來，我諮商過許多倖存者，他們在諮商室裡坦白地表示，自戀者過世後，他們如釋重負，而這種解脫感引發了一連串的情緒反應，包括罪惡感、羞愧，甚至因為有這些感受而覺得自己是個壞人。

自戀者死後，會帶來平時有人過世後常見的悲傷反應，但這種反應會因為解脫感、懊悔、憤怒、自我懷疑（我付出夠多了嗎？），甚至恐懼而變得更加複雜。即使自戀者過世了，他們的聲音可能依舊會在你的心中揮之不去，伴隨你一輩子。療癒是指無論自戀者是否在世，你都需要帶著覺察，面對並反駁那個扭曲的聲音。

·會妨礙你療傷的行為·

悲傷可能會讓人非常不舒服，來自自戀型關係的悲傷更是如此，而就像面對其他不舒服的事物一樣，你可能會想逃避這種感受。了解並覺察到這些悲傷的阻礙很重要，你才會了解這些是正常反應。以下是阻礙悲傷的行為或活動，讓你無法真正投入悲傷的過程，從而難以繼續前進。這些行為通常具有自我保護的作用，但假如要真正度過悲傷階段，你得願意慢慢地觸碰這個不舒服的感受。

- 保持忙碌、分散注意力
- 使用藥物或酒精麻痺自己
- 否認現實和自己的感受
- 假裝保持正向
- 沉迷於社群媒體
- 與助長自戀者的友人有過多來往
- 太早急於成為他人的療癒者
- 凡事自責

處理你的悲傷

你需要不同的策略來處理自戀型關係導致的悲傷階段，因為許多人發現，傳統的悲傷因應方法並不適用於這類成因複雜的失落。如果你仍然待在這段關係中，這就變得更加困難（如果你正在辦理離婚，要離開自戀型伴侶，至少一般人還會認為離婚是一種失落感，但如果你還陷在關係中，這類失落感同樣深刻卻不被承認）。在自戀型悲傷復原的過程中，以下是需要明白的重要觀念：

1、如其所是地看待悲傷

就算有人告訴你這不是真正的悲傷，或屬於家庭或人際問題，也要相信這些感受真實無誤。認清這種體驗就是失落感，有助於你理解並接受悲傷帶來的深刻影響。

2、投入整個過程

透過諮商、互助團體（最好是針對自戀型傷害倖存者）、正念練習、冥想，以及有意義的活動來處理你的悲傷。而且不要急著「走出來」，因為悲傷需要時間消化，允許自己不帶批判地加以感受。

3、陪伴你的感受

悲傷、難過和焦慮都是讓人不舒服的情緒，由於自戀型關係和伴隨的失落可能長時間存在於我們的生活中，你需要做好準備，這些痛苦的情緒會反覆出現。這些情緒浮現時務必陪伴自己，因為情緒是你的身心在提醒你要慢下來、溫柔地對待自己。這可能代表你需要休息、適度運動、冥想、深呼吸或親近大自然。如果逃避這些感受，你反而會被困在悲傷裡，所以把感受視為緩緩推動你回到岸邊的浪潮，不要急著逃離。

4、寫日記

記錄你的感受和經驗，有助於觀察自己的逐步轉變、一點一點地擺脫這段關係或消化這段關係帶來的失去。日子一定都好壞參半，但隨著時間一久，你就可以看到自己的進步，也能讓你更堅定地走向成長和自我實現。

5、專注於關係之外的自己

你長期以自戀型關係來界定自己後，最困難的部分就是離開關係後，重新認識自己。開始探索自己在自戀型關係之外的價值觀、喜好、快樂和需求。在經歷任何失落後，想要恢復正常生活並不容易，而自戀型傷害後的難度更大，因為你不僅要設法回到生活軌道，還要努力發現或重拾（或首次建立）自戀型關係之外的自我認同。

6、留意紀念日、重逢或可能將你拉回去的事件

舉凡紀念日、生日或過往關係的里程碑，都可能讓人心煩意亂，甚至心碎，還可能加劇你的悲傷過程。參加婚禮或其他過去社交圈的聚會，也可能讓你感到身心俱疲。請為這些日子做好準備，安排其他活動，例如跟朋友聚聚、獨自度過安靜的一天，或之後騰出時間讓自己休息。如果你沒有做好準備，這些情緒回流可能會來得突然，讓你感到措手不

及，甚至心神不寧。

謊言後的療傷

你是否曾翻看過去與自戀型伴侶的合照，那些看起來快樂的日子，然後心想：「那時候的快樂是真的嗎？」你會想：「我在笑，但我真的快樂嗎？」在經歷了謊言和背叛後想要療傷，往往會讓自戀型悲傷更加複雜。你可能會開始反覆糾結這些謊言，懷疑自己：「我怎麼這麼笨？為什麼我會上當？」這些自我懷疑會嚴重影響你的悲傷和復原過程。

那該怎麼辦呢？你需要慢慢處理這段關係中存在的「多面事實」。反覆糾結是自戀型傷害的常見後遺症，而悲傷的重要一環通常是攸關這些關係中所謂的「大謊言」。仔細剖析這些事，你就能逐漸看清整件事有多複雜，也可以培養對自己的溫柔，協助自己走出「我怎麼會這麼蠢」或「我怎麼這麼容易受騙」的惡性循環，轉而把這段關係視為你當初全然抱著善意，但時間一久才逐漸發現有問題；接著，你可以把這件事當成是哀悼自己曾信以為真的東西，只是後來落空了。

回憶起特別的經驗，尤其是有照片或影片紀錄的時刻，像是一趟旅行、產房內分娩的瞬間、婚禮當天，有時會扭曲我們對現實的感受。因此，我經常會利用這些紀錄來幫助正在面對悲傷的倖存者，讓他們處理當下的悲傷，以及過去事件、當時感受和現在感受之間的落差。背叛和現實的扭曲會讓你陷入反覆糾結的狀態，難以自拔地剖析過去經驗。我的建議是，把這些經驗和回憶分成「事件」、「脈絡」和「感受」三個部分來看待。

舉個例子，假設你和自戀型伴侶一起前往義大利旅行，一路上你玩得很開心，但有時伴侶會在奇怪的時間點收到簡訊，讓你心生疑慮。當你問他時，他說那是出發前還沒處理好的工作。於是，你覺得自己出來旅行還抱持負能量太傻了，便把這些疑慮拋諸腦後（這就是「盲視背叛」）。但旅行回來的數個月後，你發現他當時其實正在外遇。

你們去義大利旅行是事實，屬於「事件」的部分。但當你回去看一張張笑容燦爛的照片，回想起當時他正外遇，這並不會抹去事件的存在（你們確實去了義大利），卻改變了「脈絡」。旅行是真的、笑容是真的，但實際狀況並非笑著拍照的當下所認知的那樣。

接著是「感受」的部分。你當時認為，自己是跟親密伴侶一起去義大利，記得當天的幸福快樂。當時的感受都是真的。但你現在回顧那些照片，感受已截然不同了。然而，當天的感受是來自於當時的背景。然而在事後回想時，很容易覺得整段關係都是個騙局，覺得對方在玩弄自己的感情。在悲傷的過程中，我們會回頭看著一切，懷疑自己當時的感受，甚至不確定到底發生了什麼事。沒錯，你去了義大利；沒錯，他當時有外遇，但你當時不知道；沒錯，他對你說謊；沒錯，你當時很幸福；而現在，你的確很心碎。在消化悲傷的過程中，必須能同時容納多面事實，無論有多痛苦，這都是療癒的關鍵。

面對不公平的悲傷

身為經常諮商自戀型傷害倖存者的心理師，我發現這種關係破裂後帶來的「不公平感」，對於療癒的影響最深。悲傷通常可以透過「釋懷、公平或意義」來轉化，但在面對這些類型的失落時，往往都不可得，尤其是在重度悲傷的階段。不公平感還會強化內心的反覆糾結。自戀者很少真心道歉，也不會面對自身行為的實質後果，或是負起責任，或是正視你的痛苦。結果，自戀型關係讓人感到極度不公平，只有你的心靈受到重創，他們卻可以毫不在意地繼續生活，對自己造成的傷害幾乎渾然不覺。如果你的核心信念是「人生很公平」，那自戀型關係一再反映人生不公平，可能會讓你感到坐立難安、很不自在。你可能會責怪自己，這體現了內在感受到的不公平，進而可能讓你更難放下並療癒。[3]

在不公不義的情況下，療癒確實很難發生。如果我們知道加害者為自己的行為付出了代價或承擔了責任，也許還會稍微容易釋懷，只是傷痛不見得會減少。想要走出遭受不公平對待的感覺，就是要學會跟自戀者劃清界限。但如果我們一直專注於不公平感，就等於讓自己的療癒仍然仰賴自戀者（「他過得不好，我就心情好」）。請給自己一點時間，偶爾沉浸在報復的幻想中是正常的，有些倖存者甚至覺得這很有幫助，但不要沉浸在其中太久。「抽離」與「區隔」是療癒的重要步驟，意思是你的療癒比對方的報應更重要。然而，療癒需要時間。許多人在經過多年後，仍然會因為在新聞報導或紀錄片中看到不公平的事，即使與自己無關卻依然會湧現負面情緒。減少滑手機的時間、遠離社群媒體（尤其是有關自戀者的貼文），以及少看新聞，可能都會有幫助。如果你看完上述內容後出現熟悉的沉重感，就給自己一點時間。完全接納不公平的現實也是療癒過程的一部分：「這件事不公平，我無法改變，但是我可以選擇不同的真實道路繼續前進，並且從中學習。」善待自己，深呼吸或休息一下，記得只要時間一久，你的成長和療癒就會取代不公平感。但此時此刻，悲傷需要被好好感受。

尋求專業諮商的重要性

我承認，不是每個人都有機會找到真正了解自戀型傷害的諮商心理師，甚至不是每個人都有機會接受心理諮商。優秀的心理師會允許你訴說悲傷，並幫助你理解這是放下有害關係的一部分。處理自戀型關係帶來的失落感就像排毒一樣，有助於打破反覆糾結的循環。許多我諮商過的案主，在悲傷療癒的過程中會不斷重複相同的故事，直到他們有一天能真正放下為止。互助團體也非常重要，因為這讓你有機會和懂你的人交流，讓你的經驗與認知獲得認可。

如果悲傷過程惡化成心理健康問題，打亂社交生活或職場表現，諮商就十分重要。如果你發現悲傷拖累你帶小孩、自我照顧或日常生活，務必尋求專業協助。

悲傷儀式

人死時，會有喪禮、穿黑衣、覆蓋鏡子、守喪等儀式，讓悲傷的過程有條理可依循，也有助於我們面對失去的傷痛。同理可證，在面對一段關係帶來的失落時，類似的儀式也能成為療癒經驗的一部分。這些儀式可以自己進行，也可以邀請其他人一起參與，協助你處理這段關係所帶來的痛苦。以下是可以融入個人生活中的儀式：

- 辦一場「告別式」來放下這段感情的遺憾，或是失去的時間、愛、安全感等傷痛。可以埋下一個與這段感情有關的物品，象徵著放下，或把所有的懊悔寫在石頭上，然後丟進湖裡或海裡。重點是要有意識地進行，感受自己正在放下這個人，包括他說過的話和行為，或是任何你認為失去的東西。
- 辦一場「生日會」，慶祝自己脫離自戀型關係，宛如新生。這不一定要是你真正的生日，而是紀念你逐漸走出這段關係、找回自我。無論你最終選擇離開或留下，都可以慶祝你放下了悲傷和遺憾，讓自己走出這段毒性關係的陰影。你可以吃蛋糕、點蠟燭或跟真正懂你的朋友們出去散心。
- 改變你的空間。如果你要告別一段自戀型關係，改變生活中的某個空間，能讓人感到煥然一新，可能是重新粉刷牆壁、丟掉讓你想起這段關係的物品、重新擺設辦公室，甚至搬家都可以。

- 丟掉讓你想起毒性關係、對象或情境的東西，例如那一場對方整晚不理你的演唱會票根，扔掉吧；對方出軌後送你的首飾，賣了吧；自戀型父母送你卻故意選錯尺寸的毛衣，捐了吧。再次強調，重點是這些儀式的「意圖與覺察」。這不是隨便把東西塞進袋子再拿去資源回收，而是要在放手的過程中，深呼吸、感受釋放這些物品與它們伴隨的感覺。
- 找回重要的地方。有些你本來很喜愛的地方，也許曾因為一次爭吵、一個難熬的夜晚，或某段讓你感到被否定的經驗，而讓你覺得「失去」這些地方，可能是餐廳、酒吧、海灘、公園，甚至整座城市。「找回」這些地方吧！約朋友、打扮一下，讓笑聲和喜悅填滿這些地方，或找一位你信任的朋友前往，慢慢梳理回憶。雖然獨自前往可能有點困難，但試著讓新的回憶取代過去痛苦的片段。
- 打造「悲傷盒」。找一個盒子，雪茄盒或鞋盒都可以，把你在這段自戀型關係中的遺憾寫在紙條上，可以是你放棄的事物、失去的自我面向、被迫錯過的體驗，或犧牲過的期望，全部寫下來後再放進盒子裡，當成某種用來告別的棺材。光是知道這些遺憾有個地方安放，也有助於你更有意識地放手，替不斷成長的自己騰出空間。

自戀型關係帶來的悲傷，不同於我們對一般悲傷的想像，卻是同樣真實且痛苦。不妨把悲傷想像成一條隧道，穿越它正是療癒的第一步。然而，我們活在自戀型人格愈來愈普遍的世界裡，如果再次陷入一段毒性的關係，悲傷、羞愧、自我懷疑和自責可能會更加嚴重。要如何避免重蹈覆轍呢？我們可以培養「抗自戀體質」嗎？

第 7 章

培養「抗自戀體質」

鍛鍊心理素質，獲得人生自主權

沒有什麼比回到一個從未改變的地方，更能讓你發現自己的轉變了。

—— 尼爾森．曼德拉（Nelson Mandela）

身為獨生女的小琳從小就和自戀型母親相處，承受了許多傷害。多年來，她透過創傷療癒諮商學會立下界限，雖然母親並不見得會遵守，但小琳對此已不再感到內疚了。小琳的第二段婚姻嫁給了一位自戀型先生，最終以離婚收場，並經歷了一場耗費金錢和精力的監護權爭奪戰。離婚後，她繼續接受諮商，加入了自戀型傷害倖存者互助團體，閱讀相關書籍、觀看影片，甚至辭去了一份和自戀型老闆共事的工作，換了薪水較低但同事更具同理心的新工作，她的才能和貢獻受到團隊的肯定。現在她的工作穩定，年紀最小的孩子也上了大學，但她對於是否要再次約會或再談戀愛有所猶豫。

然而，小琳內心十分孤單，朋友們也在催促她趕快找個伴：「抓緊時間唷，小琳，我們的年紀都不小了，沒時間再慢慢約會，繼續拖下去妳就真的會孤單一輩子。」但她的網路約會經驗彷彿是在穿越自戀型人格的沼澤，最後她在一場專業研討會上認識了一名男子。小琳覺得他很有吸引力，兩人有不少共同興趣，而且對方的住處只離二十分鐘的車程。第三次約會時，小琳再次聽他抱怨工作遇到的困難，以及對這個社會的不滿。小琳感到孤單，也對網路交友失望，此時又受到這名男子的吸引，以及對於認識有趣朋友的期待，混雜他單方面的侃侃而談、他種種的委屈不滿、兩人共同的興趣，即使小琳原本已整頓好自己的人生，卻再次陷入讓她不知所措的關係。她好不容易走出自戀型母親和前夫帶來的創傷，現在又是什麼狀況？難道從自戀型傷害中療癒的結果，就是要一輩子單身嗎？小琳該怎麼辦？

療癒本身就是一種對抗、反擊與反骨。療癒需要下定決心，打破長期自責的循環，擺脫社會賦予的既定劇本，終結世代相傳的創傷與毒性關係的循環。這不只是要療癒破碎的心、一段有毒的婚姻、與父母疏遠的關係，或是自戀型老闆帶來的傷害，更是心理、世界觀和認知的全面翻轉。

療癒的關鍵在於明辨，讓你的認知遭到自戀者扭曲前，就能察覺對方的意圖。療癒是允許自己說「不」，而且不僅是針對生活中的自戀者，還有你尚未認識的自戀者，你都能堅持自己的立場。療癒是立下更健康的界限，不僅隔開自戀者和助長自戀者的人，也隔開不小心占據你太多時間但身心健全的朋友。療癒讓你清楚看見自戀與對立型人格的模式，不去期待這次會有所改變。你已學會優雅地結束談話、轉身離開。完全接納現實成了直覺反應，你切斷了那些創傷羈絆，開始信任自己的主觀感受、想法和經驗。你會認清一旦跟自戀者有愈多互動，你就跟自己愈疏離。療癒是從苦難中提煉血淚，把學到的教訓帶進未來的生活。

在復原與療癒的過程中，一般人經常會擔心：「假如這樣的事又發生怎麼辦？」真相是，這種事確實還會發生。自戀型人格普遍存在，社會甚至還會鼓勵這類特質，因此你可能會繼續在伴侶、朋友、同事，甚至停車場惡霸身上，發現自戀型人格。在你努力療癒的路上，如果又遇到類似的情況，可能會勾起以前受到自戀者傷害的後遺症。療癒的關鍵是逐漸成長、鍛鍊心理素質，協助你在這些模式出現時，懂得辨識這些有毒的人事物和模式，並學會「管理」，而不是想要改變他們。你會順從自己的直覺，立下保護自己的界限。

本章的重點是協助你提升「抗自戀體質」，說明為何你的交感神經系統比理性思維更懂得辨識自戀者。你也會明白「斷絕聯絡」與「設立防火牆」的差異，讓你可以選擇最適合自己情況的方式。最後，本章會提供為期一年的「自戀型人格排毒計畫」，在這段期間，你能學會享受自己的陪伴、獲得自主權，進而重新認識（或第一次好好認識）自己。

什麼是抗自戀體質？

什麼叫作擁有抗自戀體質？答案是你具備知識、自我覺察、自我寬容、有明辨力、有勇氣、有智慧，對關係抱持務實態度，同時帶著反骨的精神。想像自己進入一條隧道，入口是你剛認識一個新對象，中段是你在這段關係或情境中的歷程，出口則是關係結束或保持距離。抗自戀體質的表現，會因為你在隧道中的位置而有所差異。一開始你踏入隧道，即認識對方或初步觀察時，抗自戀體質的意思是注意讓你感到不舒服的行為，不被「再給他一次機會吧」這個念頭拖住，而是信任自己的直覺。當然，這實際上很難做到，因為我們想要設立健康的界限時，常常會被從小到大根深柢固的觀念扯後腿，像是「我這樣劃清界限是不是太自私了？」或「想要對方尊重我，會不會要求太多？」或是明明知道對方行為不可接受，卻覺得自己好像沒資格指出來或選擇離開。

你尚未決定離開關係，或沒有明確的分手計畫時，隧道中段可能是最難抵抗自戀行為的階段。在這段期間，你需要學習完全接納現實、避免上當受騙、不被對方的虛假承諾所迷惑，還要識破對方扭曲認知的手段。同時，記得不要為對方的不良行為負責，才能有效降低自戀者對你的影響。

隨著你走出隧道，擺脫了困惑和自我貶低，你仍然可能有複雜的感受。在這個階段，抗自戀體質是指看清那些有毒的行為模式，警惕自己不要美化回憶，遠離助長自戀者的幫凶，還有仔細把這段關係記錄下來給未來的你參考，防止自己又自欺欺人。

培養對抗扭曲認知的能力

席琳的未婚夫有特權心態、傲慢且有控制欲，但他們交往多年、一起旅行，兩家人也認識，又有相同的宗教信仰。席琳無法想像與別人在一起。然而，這段關係一直都充滿波折。一開始，她的未婚夫曾出軌，但被抓包後卻反過來指責是因為席琳不夠支持他，他也沒有真正道歉過，還羞辱她說信仰不夠虔誠，甚至動員教會的人來勸導她「尊重婚姻」。兩人在一起愈久，席琳也愈來愈會懷疑自己。

儘管這段關係讓她時常感到被否定，席琳還是努力在公司爭取到主管職，並且意外地獲得升遷。這份工作不僅薪水更高，還能讓她學習成長，但挑戰也更大，更常加班。原本就好勝心強的未婚夫得知後說：「妳確定能勝任這份工作嗎？他們知道妳很容易焦慮嗎？」

席琳站穩立場，回答說：「我能勝任啊，雖然需要一點時間適應，但我很喜歡這份工作，我做得到。」

未婚夫又說：「好吧，但如果妳努力要適應新工作，怎麼會有時間準備婚禮？妳已經這麼容易手忙腳亂了。」

席琳語氣堅決：「我不擔心，我媽媽會幫忙張羅，而且我覺得自己開心的話，效率反而會更好。」

未婚夫繼續施壓：「我不確定欸，感覺妳現在只在乎工作，妳的事業比我們的婚姻還重要。我以為，婚姻應該是我們兩個人認真投入，做出神聖的承諾。也許我們該冷靜一下，等妳想清楚再說……」

席琳開始懷疑，自己真的夠投入嗎？難道她要為了一份工作犧牲這段感情嗎？難道愛情和信仰沒有比工作重要嗎？她的母親、朋友，甚至教會朋友都說：「妳真的因為自己想要整天工作就放棄這段感情，回到單身的狀態嗎？」

英文中「gaslighting」（扭曲認知）一詞近來十分流行，但許多人仍然不太理解真正的意涵。正如前文所提，扭曲認知屬於情感傷害的形式，施加扭曲認知的人會否認現實，否定受害者的感受、經驗與情緒，逐步瓦解他們的自我認知，最終讓受害者對現實產生懷疑。扭曲認知並非單純的說謊或意見分歧，而是刻意讓你感到困惑、動搖你的自我認同和自主性的手段。我在每段自戀型關係中都見過這種模式，堪稱殺傷力數一數二強大的互動方式。如果你想培養抗自戀體質，就要加強對抗扭曲認知的能力。

想要避免扭曲認知的不二法門，就是要堅持你的版本，認清那也屬於現實，不會因為別人否定或質疑而放棄自我的經驗覺知；同時，你也可以接受他人可能擁有與你不同的經驗和觀點。在一段關係剛萌芽時，不讓自戀者扭曲你的認知，可能會讓自戀者感到挫折，並轉而尋找更容易操弄的對象。如果你已身處一段自戀型關係中，你的抵抗可能會導致對方變本加厲或惱羞成怒。然而，只要能認清何謂扭曲認知，就有助你保持清醒，覺察自己主觀感受的現實，而非屈服，或落入自責或自我懷疑的泥沼。

如果你過去或正在與自戀者交往，想必曾經歷過對方擅自決定你的感受、你是否覺得飢餓、房間這麼溫暖你怎麼會冷等。長時間忍受這樣的情況，你可能會逐漸失去對自身判斷的信任，甚至開始懷疑自己的感受和喜好。許多來找我的案主都說：「我已經不確定自己喜歡什麼電視節目，甚至不知道最愛的食物是什麼。」

為了重新建立對自我主觀經驗的信任，你可以每天檢視自己的狀態，當作日常的正念練習，大聲問自己：「我現在感覺如何？」、「今天過得怎麼樣？」、「現在的能量如何？」每天問三次。此外在日常活動中，也可以說出你在做的事，例如「我正在準備早餐」、「我在開車去上班」、「我在寫報告」。這類大聲的自我對話有助於讓你更貼近感受自己的現實，而不只是像自動導航般行動。你之所以會遭到自戀者扭曲認知，是因為你的自我認知並不穩固。

許多研究都顯示，健康的親密關係是我們生活更幸福的一大關鍵。然而，當你身處自戀型關係中，「健康」似乎遙不可及。此時，你需要一個遠離扭曲認知的安全區，在此可以安心分享、獲得肯定、擁有相似的生活體驗，你覺得受到接納、重視和傾聽；這些空間可以有朋友、同事、諮商師、值得信任的家人或是互助團體，他們能傾聽你、接納你、不會扭曲你的認知。有時，單純跟尊重你、客觀反映現實的人好好聊一聊，帶來的療癒力量可能會超乎你的想像。

由此可見，重點是要願意遠離扭曲你認知的人或環境。

當然，你無法完全擺脫所有充滿毒性或否定你的環境，但你可以選擇減少互動。設想某個場景：你正在跟一個人分享自己的感受或經驗，對方卻回答：「你沒有權利這麼想，我覺得你把整件事情都曲解誇大了。」此時就是你選擇抽離並堅持立場的絕佳機會，儘管你內心有些懷疑也沒關係。你可以試著說：「這就是我的感受。」再慢慢拉開身體距離，不必大吼大叫或甩門離開，也不必繼續爭辯。好好結束互動，確認這是你真實的感受，慢慢起身離開。對方可能會繼續以言語攻擊你，因為喜歡扭曲認知的人不會輕易停手，但只要有幾次像這樣劃清界限，你就能逐漸掌握這項能力。在這個過程中，你可能會不太舒服，甚至在離開後感到身心俱疲。這時不妨找個安靜的地方獨處一下，好好深呼吸，重新調整自己的狀態。

抽離就是遠離無效且傷人的對話，也代表你需要逐漸戒掉「道歉」這個壞習慣，因為許多人在自戀型關係中太常道歉，像是「抱歉，我一直在嘮叨」或「抱歉，我剛剛沒有表達清楚。」久而久之，道歉變成一種反射動作。開始留意自己何時道歉，過度道歉通常是對扭曲認知的反應，這等於是在扭曲自己的現實，試著換一種不必道歉的溝通方式。做錯事需要道歉，但你的感受、經驗或反對個人現實遭人曲解並沒有「錯」。舉個例子，假設你的伴侶要載你去參加上午十一點的約診，但對方堅持是十二點，還指責你每次都記錯時間。你打電話到診所，開擴音讓櫃台人員證實約診是十一點。這時，你的伴侶可能會說：「這下可好了，我現在要改變整個上午的行程才來得及。」你可能會脫口而出：「抱歉。」但其實更好的回應是：「謝謝你載我去。」不必道歉也不必多說。你也要有心理準備，對方可能會不再願意載你；提升抗自戀體質，也意味著保持務實的期待，並接受接下來可能會有的不便。

你也可以幫助別人發現他們不必要的「道歉」。當你看到有人在不必要的情況下道歉了，可以提醒他們不必道歉（我有許多經歷自戀型傷害的案主都會邊哭邊道歉，而這正是我們開始拆解無端道歉的契機）。你只要開始覺察他人過度道歉的行為，也會更容易察覺自己身上的這種慣性。

記錄扭曲認知的情境也很有用。無論是大事或小事，把這些經驗全部寫下來，有助於你明白發生的頻率和對象，減少覺得自己「瘋了」的感受。舉例來說，他質疑我家人婚禮的日期，並指責我每次都說錯時間；問對方為什麼總是加班，同事明明都走了，他卻矢口否認說我疑心病很重；對我大呼小叫，堅稱護照在我的袋子裡，但其實是他放到自己的袋子裡；明明自己管理團隊的報告有誤，他卻說報告做得很好。另外，也可以記下哪些話題或情境，更容易引發自戀型關係中扭曲認知的行為。

聆聽你的內在批評者

你批評自己的內在小聲音可能不斷在腦海中迴盪，像是

「你很懶」、「沒人喜歡你」、「你一無是處」、「不要妄想改變」。[①] 但單純把這些聲音視為「大腦的負面想法」可能會錯失重要線索。不妨把內在批評者視為保護自己的面向（只是方式不那麼友善）。舉例來說，你可能聽從內在批評者，最後放棄申請新工作，這樣就不用面對最後沒錄取的痛苦。

在努力療癒的過程中，內在批評者可能更像是心魔，但如果你能理解心魔其實是扮演過度保護的角色，你就不會當成自我認同的一部分。舉例來說，當你聽到心裡的小聲音說「我很懶」，不妨轉化觀點，當作你的內心想避免受傷：「啊，這個聲音可能是要給我動力，因為我害怕失敗。」某種程度上來說，內在批評者是在自戀者批評出現前率先攻擊你，以避免更深層的傷害。然而，這也讓你無法真正看清自己，並容易陷入自責。好好與內在批評者對話。如果所處的環境能讓你保有穩私，就大聲地說：「嘿，內心批評者，我知道你是想保護我，謝謝你，但我已經長大了，我能自己處理。」聽起來或許有點滑稽，可是一旦你開始把這個聲音視為心理的保護機制時，也許就可能對自己更寬容一些。

認識你的交感神經系統

克莉絲汀娜在關係中感覺自己像在坐雲霄飛車，簡直頭暈目眩。每當她收到太太傳來的訊息說快到家了，她的心跳就會加速。當她太太整天過得很順利，回家後充滿關愛又溫暖時，克莉絲汀娜會鬆一口氣，幾乎忘了狀況曾有多糟。然而，每次太太伸手進冰箱發現她最愛喝的酒不在那裡，肩膀會開始繃緊，克莉絲汀娜也能預料到，於是喉嚨像哽住了一樣，開始冒汗。當她開始新工作兩週後，她遇到一位說話唐突、自視甚高的新同事，喉嚨的緊繃感又出現了，心跳加速、胸口發悶，這種感覺十分熟悉。接下來幾週，這位同事展現極度刻薄且充滿好勝心一面，她很驚訝自己的身體居然像是提前預警系統。

自戀型傷害的後遺症就跟其他人際創傷一樣，最深刻的感受往往會由身體記住。閉上眼睛，想像帶給你最大痛苦的那段自戀型關係。隨著你深呼吸，回想這段關係，留意這些感受出現在身體的哪個部位，以及究竟有哪些感受。當你再次遇到展現有毒行為的人，這些身體感受通常會再次浮現，喚起過去經歷的自戀型關係。這種身體面對恐懼和威脅的反應，是由交感神經系統（sympathetic nervous system, SNS）所主導。

交感神經系統就是我們的「戰、逃、僵、討好」（fight, flight, freeze, fawn/submit）反應，即你在感到害怕時會啟動來保護你的系統。大部分的人對「戰或逃」的反應並不陌生：凡是受到威脅時，我們可能會想要大吼、反擊或逃跑。當你面對大腦和身體記錄下的威脅時，交感神經系統會啟動，讓你心跳加速、口乾舌燥、過度換氣或出現其他生理症狀。這套系統在你感知到真正的危險時非常有用，例如遇到張牙舞爪的狗、發生火災或遭人攻擊。問題是，雖然有些刺激不會直接危及生命，例如別人對你大吼或與你冷戰，卻仍然會引發恐懼、威脅和擔心，交感神經系統就會啟動。儘管這些人際刺激不像生命危險那麼嚴重，例如自戀者在爭執後疏遠你，愛和連結的喪失，以及對於別人反應的恐懼，依然是一種原始的壓力來源，身體會將其視為威脅並做出反應。交感神經系統是反射動作，不是由我們來「選擇」，而是面對危險和風險時的快速反應。

在關係初期，你可能會努力反抗，因為不明白發生了什麼事，但在自戀型關係中，「戰」的反應通常不太有效。相較於吵贏自戀者，你打老虎成功的機率還比較大。交感神經系統無法由大腦控制，跟兩人感情的相處策略無關。如果你的反應是「戰」，你和自戀者的關係可能會顯得非常動盪，甚至讓周圍的人以為你也是共犯，因為你長期陷入與自戀者的衝突。

「逃」的反應看起來像是要遠離傷害。雖然你可能不會真的「逃走」，但部分的人會跟自戀者在心理上拉開距離，例如結束關係或突然消失。不過更常見的是，如果你還在關係中，可能會透過跟情緒拉開距離來逃避（感覺情緒變少、不再表達需求、彷彿是旁觀者在看這段關係的發生、用工作或食物或酒精來麻痺自己）。自戀者開始對你發難時，你可能會選擇在精神上抽離。時間久了，你不僅與自我的「存在」逐漸脫節，也開始疏遠較為健康的關係，變得容易心不在焉、情緒表達受限。「逃」的反應是倖存者常見的自保回應，但這往往不僅是在逃離自戀者，更是在逃避自己的感受。

「僵」發生在你面對威脅時，卻宛如失語、無法大叫或移動身體。[2] 在面對那些強勢、自大、浮誇、傲慢或挑剔的人時，你可能會發現自己完全說不出話、很不自在，互動結束後才想著「早知道就這樣說」或「早知道就那樣做」。如果你在童年時期，父母常常暴怒且自戀，而「戰或逃」的反應行不通時，「僵」的反應可能就會出現。這種反應可能會讓你感到羞愧或自責，覺得自己有部分責任、讓自己或別人失望，甚至覺得自己很笨或很軟弱。記住，並不是你選擇了「僵」的反應，真正不合適的是對方的行為，而不是你的自然回應。

最後是「討好」的反應，[3] 即你為了迎合施加威脅的人，以及與他們保持連結，而放棄自我需求，成長過程中曾經歷童年傷害的人身上，格外容易見到這種制約。面對自戀者無視、輕蔑、否定或發飆的行為時，你可能會不自覺地點頭、微笑或稱讚他們。在整段關係中，你可能會持續設法討好對方，這是為了在心理上感到不安全的環境中維持連結。展現討好反應的人經常感到羞愧，覺得自己好像在某種程度上也有責任或很懦弱。然而，其實這種想法是對這種反應的錯誤解讀，因為討好其實是面對威脅與困境時可以預期的反應。有些人可能會刻意拍自戀者馬屁，藉此達成某些目的或需求，但這不同於真正的討好。所謂的討好反應是一種反射的行為，主要是因為自戀者引發了你內心遭到貶抑與否定的感受，你藉此來滿足對安全感、依附與連結的基本需求。

學會調節交感神經系統

長期忍受自戀型傷害（尤其是在童年時期），代表你長時間下來都處於緊繃狀態，隨時擔心對方的暴怒、操弄或揚言要拋棄你。即使你已經離開這段關係，這種緊繃感仍可能持續存在。然而，長期處於這種生理警覺狀態對健康非常不利，可能會導致「倖存者」模式，雖然能讓你感到安全，卻會造成長期的傷害，例如凡事小心翼翼、不表達需求、注意力渙散、情緒失調，甚至出現恐慌症狀。

我們該如何調節這些交感神經系統的反應呢？答案是啟動副交感神經系統（parasympathetic nervous system, PNS）。交感神經系統負責因應威脅，而副交感神經系統則掌管放鬆、休息和消化。確保身體獲得修復和休息，才能緩解交感神經長期受刺激的狀態（有時就連自戀者不在也覺得緊繃）。你可能早就聽過許多關於壓力管理的方法：深呼吸、親近大自然、運動、冥想，或任何能讓你放鬆下來的活動，這些都是很好的開始。我也常提醒案主要有足夠的睡眠。雖然對於許多經歷過自戀型傷害的人來說，睡個好覺並不容易，但建立固定的睡前儀式，例如刷牙、洗臉、做些呼吸練習、讀本讓你心情好的書、關掉 3C 產品，不僅能讓我們感覺像重新養育自己，也能成為每天讓自己放鬆的練習，讓體內系統有機會休息，迎接新的一天。療癒是一段與身體和諧相處的緩慢過程，理解身體在這段時間一直努力在保護你，並帶著意識把放鬆帶入生活中。

多年來，許多倖存者都跟我說，每當他們聽到自戀者在家門口拿出鑰匙的清脆聲音，就會出現一連串的身體反應。仔細觀察你的交感神經系統訊號不見得容易，因為這個系統是用來讓我們脫離險境，而不是靜下心來思考。但只要你感覺交感神經系統運作時，停下來問問自己：「眼前的威脅是什麼？」你可能會懷疑自己的認知，或覺得自己有問題（像是「我只是太緊張了」），但實際上，你的身體正在感受當下的真實情況。尤其是在剛認識其他人時，問問自己：「現在發生什麼事？」至少，你要把這些反應當成是提醒你慢下來、留意細節。在經歷過一段自戀型關係後，你也許發現像批評或拒絕這樣的經驗會引發這些反應。時間一久，你會逐漸認清，職場上的批評並不等同於來自自戀型父母或伴侶的殘酷拒絕。但由於交感神經系統無法區分兩者，因此釐清真正的威脅有助於你更懂得明辨。

交感神經系統運用身體來溝通，因此務必要保持跟身體的連結。你的脈搏開始急速跳動時，可以用手按住手腕、胸口，或脖子上，計算脈搏的跳動。單純專注地與身體連結，有助於降低心跳速度。你甚至可以擁抱自己，這樣身體上的接觸可以撫慰情緒。恐懼反應可能也會導致呼吸變得很淺，進而加劇你的恐慌感。等你感到平靜時，練習深呼吸，選擇一個數字：5、6、7或8，吸氣時在心中數到這個數字，然後閉氣數到同樣的數字，再慢慢吐氣數到這個數字。你可以在等紅燈、每小時整點或會議開始前練習這個方法。改善呼吸技巧有助於穩定情緒。把手放在胸口或腹部，隨著呼吸輕輕哼出聲、感受震動，讓你呼吸與身體連結，達到穩定的效果。

你也可以刻意把雙腳平放在地面上，感受身體與地面的連結，或想像不同的感官體驗，像是微風吹拂或水流過雙手的感覺來穩定自己。

困難的對話和抱持的期待，也會引發一連串的交感神經系統反應，因此模擬練習這些對話可能會有所幫助，最好能找朋友或諮商心理師一起進行。不過，要確保他們能完全模仿出這些有害的互動，讓你做好準備。可以的話，要在對話中使用筆記來引導自己。當你的思路卡住時，至少還有已整理好的想法可供參考。一開始，我並不相信排練和角色扮演的效果，後來開始和我的案主一起練習才改觀，例如準備離婚調解會議、與愛否定別人的朋友對話，以及逢年過節聚餐的應對。大部分的案主都發現，這些排練（而且我還能扭曲他們的認知，模擬得很到位！）幫助他們在實際情況中不會覺得那麼驚訝。一位女性甚至說：「我老公做了你說的那些事時，我差點忍不住笑出來。因為我對他的行為不再感到意外，所以能更冷靜地進行對話。」

記住，我們的交感神經系統反應反映了我們的過去。當團體中出現衝突、你在會議中看到有人被當成代罪羔羊，或在公共場合目睹不良行為（例如對服務生大吼大叫），你可能會感到心跳加速。回想一下你在這些刺激交感神經情境中的定見，問問自己以下的問題：「如果我說出來，我覺得會發生什麼事？這個人危不危險？他們以前是不是有否定過我的行為？」此時給自己一點時間深呼吸，把自己的解讀與交感神經系統的反應，以及對威脅的感知連結起來。

如何支持正在受苦的人？

我們可能會遇到正在經歷自戀型傷害或在療癒的人，也許會想知道自己能做些什麼來支持他們。好消息是，支持其他人其實也能促進我們自己的療癒，但需要注意以下重點。

直接說出對方的痛苦來源是自戀者，並沒有用，因為沒有那麼簡單，反而可能讓對方因為不了解自戀型人格特質而產生防衛心理，甚至更加合理化他們的關係。應該要讓他們知道你會陪伴他們，鼓勵他們尋求專業諮商的協助（你也可以分享自己覺得受用的諮商經驗）。你看到他們經歷困難時，主動關心他們，例如：「我想問問你還好嗎？剛剛聽到你們的對話，我有點擔心。」這樣的問候不要帶有任何對自戀者行為的指責，而是要在他們心中埋下一個小小的懷疑種子，讓他們逐漸開始看清情況。從旁支持的人絕對不要強迫倖存者接受你對自戀型人格的觀點，而應該專注於肯定他們的經驗。

鑽研邪教現象的學者珍賈．拉里奇（Janja Lalich）博士建議一個方法，讓人幫助深陷邪教的家人，而這些建議也適用於支持陷入自戀型關係的親友。她建議與他們分享過去快樂的回憶，例如：「記得你多喜歡我們一起去釣魚嗎？」或「還記得你以前畫過超厲害的畫嗎？」這個過程十分緩慢，但提醒對方遺忘的快樂時光或能力，可能幫助他們重新敞開心房。

最後，珍西．唐恩（Jancee Dunn）在《紐約時報》提供了一個簡單且有效的建議：詢問對方當下最需要的是什麼：「幫助、傾聽，還是擁抱」。[4] 有時，也許你無法提供實質的幫助，但專注聆聽、真誠的肯定，以及溫暖的微笑，往往比你想像的更有力量。

打造抗自戀體質

現在我們學會了辨識自己是否遭到「扭曲認知」，或是否因自戀者的行為引發交感神經系統的反應。我們也理解到內在批評者聲音，其實是提醒我們的不安與最深層的渴望。我們也學會專注於呼吸、與自我連結，並認知這些強烈反應其實攸關對於威脅的感知，而這種感知是可以重新檢視、重新詮釋。你的「自戀雷達」現在處於高度警戒狀態了，但要如何避免再度捲入自戀者的控制之中，或防止其他自戀者進入你的生活呢？

斷絕聯絡

與自戀者接觸愈頻繁，自己的狀態通常會愈糟。顧名思義，斷絕聯絡的意思是不再主動聯絡，更重要的是也不再回應對方。你不接電話、不回訊息、不與他們交談，從他們的生活中徹底消失。假如需要更極端的措施，你可能會封鎖他們的電話號碼、電子郵件或社群媒體帳號，甚至申請保護令。雖然斷絕聯絡是很激烈的方式，但對於終結有毒循環非常有效。

完全斷絕聯絡後，要準備好面對充滿惡意的來回攻防。自戀者可能一下子憤怒嗆罵、一下子又情緒勒索糾纏，尤其當你一時心軟回應或他們發現發飆沒有用，就更容易如此。如果你不理會糾纏，他們的怒氣通常會再次爆發。如果你沒有封鎖對方，聯絡頻率可能會激增，可能會收到數十封，甚至上百封的訊息、電子郵件或電話，而且語氣會愈來愈凶狠。他們可能揚言要勒索你、聘請律師告你，或散播惡意謠言。時間一久，他們會變本加厲，威脅內容可能會更加讓人心慌，直到你主動聯絡才罷休。他們甚至可能會跟蹤你、開車到你家附近徘徊、傳送大量訊息、騷擾你的同事等。此時，建議你諮詢律師或當地家暴相關機構，尋求現有的法律途徑（遺憾的是法律的選項並不多，目前的制度往往偏袒跟蹤行為，而非保護倖存者）。

然而，斷絕聯絡在大部分情況下並不可行，有時還可能會徒增困擾。舉例來說，如果你需要與自戀者共同撫養未成年子女，或是在職場上共事，通常不可能完全斷聯。在家庭中，如果你希望與部分家人保持聯絡，或孩子跟表兄弟姐妹或祖父母感情較好，完全斷聯也可能行不通。對部分的人來說，斷絕聯絡可能引發強烈的背叛感或悲傷，讓他們難以承受，可能也會對你重視的人造成傷害。因此，必須同時具備許多條件，才能認真考慮斷絕聯絡，而且說到做到。

不得不重新聯絡時該怎麼辦？

關於斷絕聯絡，在此要提醒：有時我們可能過於堅持這種做法，反而帶來壓力，尤其是在家庭中會特別明顯。有些人對於多年來都斷絕聯絡感到自豪，但現實生活中難免會發生重大事件，例如家人重病、過世或其他需要你重新與自戀者或家庭聯絡的情況。如果你之前已斷絕聯絡了，這時可能會糾結該怎麼辦而陷入兩難：一方面，繼續不聯絡會讓你感到良心不安；另一方面，恢復聯絡可能讓你覺得自己妥協或讓自戀者「贏了」。但要記住，斷絕聯絡多年協助你療癒了自己，同時也要學會靈活應變、考量整體的情境。重新聯絡的決定可以是為了顧全大局，例如避免讓自己因為不聯絡而感到懊悔（例如對於家人臨終的遺憾），或是想支持其他你真正關心的人。

設置「防火牆」

有次我與一位科技產業的朋友聊到自戀型關係，他提出了很有創意的建議：也許我們也需要對付自戀者的「防火牆」。在電腦產業，防火牆是一種網絡或電腦保護措施，用來阻止惡意軟體進入，同時需要密碼來防止資訊外洩。在自戀型關係中，防火牆的概念是立下堅固的界限和屏障，防止「惡意程式」進入，也要明辨你要分享的敏感資訊，避免被有心人士用來傷害你。

首先，我們來談談「進來的資料」，因為這往往造成最大的傷害。自戀者進入你的生活後，扭曲你的認知，讓你開始自我懷疑。你可以透過了解自戀型人格和自戀型傷害的模式來保護自己。這時，你需要運用辨識能力和完全接納現實的技巧，然後立下界限，放慢互動的步調，避免讓有自戀行為模式的人太快進入你的生活。這點非常重要，因為親和力十足的自戀者（就像是你也許會下載的無害檔案）往往可能比一般人更有吸引力。如果你想為自己設置防火牆，務必放慢步調，認識種種不健康的行為，避免將這樣的人「下載」到你的生活中。

那你「外流的資料」呢？這也是防火牆的重要部分，不要隨便給出重要資訊。雖然你可能希望分享自己的過去、展現脆弱並與他人建立連結，但面對可能利用這些訊息的人來說，此舉十分危險。真希望我們在分享自己敏感資訊前，都能有一個彈跳視窗出現提醒我們：「你確定要分享最大的恐懼嗎？」讓我們先審慎思考後再行動。

把關

有人跟我說，他在療癒過程中的一大突破，就是避免參加那些明知會遇到有毒人事物的社交或工作場合，這對他來說造成了巨大的改變。他說這像是自我照護的行為，不僅保護自己不必陷入負面的情境，還擺脫「必須」獲取自戀者認可的壓力，因此感到更加自由和完整。這就像我們會小心選擇吃什麼、穿什麼，明辨篩選進入我們生活中的人，理應也是最重要的決定。學會明辨的意思是偶爾要勇於說不：拒絕會讓你接觸到毒性人際關係的邀約；拒絕在自戀者掌控的工作環境下工作；離開讓你感到被挑釁的家庭聚會或對話；拒絕第二次約會；練習帶著不失禮的「蒙娜麗莎式微笑」淡然退出。

認清助長自戀者的人

想更具備抗自戀體質，就需要認清那些縱容自戀者的人。這些人往往支持，甚至強化自戀者的行為。他們對自戀者不斷縱容，可能是家庭成員、宗教團體，或社會輿論強調你「不能放棄」這段關係，甚至不能指出糟糕的行為，也可能是用「你也不是完美的人啊」、「他們沒有惡意啦」等老掉牙的藉口來輕視你的感受之人。更有甚者，有些人會成為自戀者的「工具人」，不斷拿自戀者的論調來搪塞你，儼然就是幫凶。其他人開始替自戀者的行為找藉口或背書時，可能會削弱你的直覺，因為你會以為這些人不可能有錯，所以問題應該出在自己身上。你可能會認為，大家的共識比你個人的主觀感受更有說服力。

想像一下：假如有一位自戀的姐姐試圖扭曲妹妹的認

知，凡事語帶挑釁。受傷的妹妹為了反擊並避免這些互動帶來的痛苦，主動設立界限，選擇不參加部分家庭聚會。這時，自戀的姐姐會向家人說，她很遺憾妹妹不願出席，甚至會聲稱自己因此覺得很受傷，隨後在家庭群組的訊息中表現得非常友善，但私底下對妹妹卻極為刻薄。結果，家人選擇站在跟自戀者同一陣線，因為他們只想確保聚會能順利舉行。受到傷害的妹妹出聲時，家人反而把她當成「問題人物」，甚至說：「姊姊只是希望妳為家中的一分子啊！」

這些縱容的人不見得有自戀型人格，他們可能是你生活中仍然在聯絡的人。然而，為了避免陷入自戀型關係，你需要覺察身邊有人默許自戀者的行為，明辨縱容的行為與認清自戀行為模式同樣重要。

十二個月的排毒計畫

我強烈建議，任何剛從自戀型傷害中走出來的人，展開為期一年的排毒計畫，在這段期間內要保持單身。你可能會好奇：「什麼？我已經孤單那麼久了，現在只想好好約會、談戀愛或享受性愛。」這些我都懂，但自戀型關係會完全綁架你的生活。單身一段時間正是認識自己的契機。多年來，你的興趣和喜好一再被貶低，習慣凡事小心翼翼，還要遷就自戀者的需求。你需要時間重新定位，找回真正的自己。儘管重新進入一段關係、獲得關注、親密接觸，以及被珍惜的感覺很誘人，但在這段時間內，快速忽略個人需求、討好新伴侶的風險實在太高了，這可能讓你再次陷入創傷羈絆模式（記住，過渡期是一段極容易陷入自戀型關係的高風險時期）。

在排毒期間，你會逐漸熟悉自己的節奏、偏好與需求，開始挖掘自己的真實面貌。你會學會獨處，適應不需要遷就別人帶來的陌生感。瓦解創傷羈絆模式的一種方式，就是學會忍受這種陌生感引發的不舒服。在這十二個月中，你可以去嘗試自己會感到害怕、充實或興奮的事。整整一年下來，你會獨自度過生日、節慶和紀念日，主動重寫自己的生命故事，而不是用另一個人來填補空虛，同時也看見自己各種能耐。如果你感覺到自己快撐不下去，就停下來「接住」自己。想想過去在自戀型關係的黑暗日子，想想你當時多渴望能有喘口氣的機會。現在，你有了這個機會，好好抓住它，體會不再被那段關係所動搖的喜悅。同時，回頭看看那些「床上餅乾」或「現在輪到我」的清單，提醒自己過去放棄了哪些大小事，開始重新擁抱這些經驗。

這些排毒的原則同樣適用於家人或職場中的自戀型情境。在結束或遠離任何帶有傷害性質的自戀型關係後的一年之內，一定要給自己時間和空間來療癒。在這段時間裡，你可以培養自己的喜好，並開始建立全新的日常儀式。以前每週一下午兩點就要開負能量滿滿的員工會議，或是週日晚餐都在自討羞辱？如今，刻意在那些時段做些感到舒心或有意義的事，體驗從前與現在之間的強烈對照。

在你度過十二個月的排毒過程後，可能會更加願意堅持自己的喜好和標準。因此，如果有一位新伴侶又要否定你在意的事，或輕蔑地排斥你寵愛的貓咪、你常愛看的實境秀，或是你喜歡的工作，這次你也許就能更從容地退一步說：「謝謝指教。」

獨處的力量

在獨處中找到安慰，是從自戀型傷害中療癒、培養抗自戀體質的一大關鍵。如果你是外向的人，先別急著反駁，讓我們來仔細談談這一點。許多時候，自戀者之所以能掌控局勢，是因為我們當中有很多人害怕獨處，創傷羈絆的過去，以及自戀型傷害帶來的自我責怪與混亂，都會讓獨處變得格外困難。然而，獨處是很重要的療癒空間。這並不是指與世隔絕，而是為自己騰出空間，減少過度付出關愛、單方面的妥協，以及自我審查。唯有在獨處中，我們才能找回自己的聲音。

我記得曾諮商過一位女性，她在結束與自戀型伴侶長達四十年的婚姻後，辛苦地撐過獨處的日子，直到我們用不同的角度來看待這段時期。她學會思考自己的感受，不再感到緊張或覺得被辜負，不再因為他又沒有回家而導致她辛苦準備的晚餐白白浪費。她發現，自己可以毫無顧忌地看喜歡的電視節目、大聲笑出來，沒有任何被批評的壓力。正是在這段時間的獨處，讓她終於在六十五歲時，開始認識自己是誰、自己喜歡什麼，因為這一次她不再需要把別人的需求擺在第一位。她逐漸認識到，自己以前對於獨處的負面想法，其實是來自於朋友和家人的警告：「你會孤獨終老喔。」但一旦她把這種獨處與過去的生活兩相對照時，她不再把「獨處」視為「孤單」。

想要養成抗自戀體質，重要的是明白你不需要這個自戀者，現在正是在找回自己因為這段關係而失去的部分，像是可以自在地獨處，從而懂得明辨要把時間花在誰身上。你的自我認同多年來可能是由自戀型伴侶所形塑，缺少了對方當作參照點可能會讓人恐懼。但當獨處成為有意義的選項，有毒的人就會在你人生中失去立足之地。

接受「夠好就好」

常言道：「完美是好結果的敵人」，而在自戀型關係中，這句話尤其真實。完美主義對大部分自戀型傷害的倖存者來說，是一種防禦和因應策略，因為他們總是抱持著希望：假如自己或這段關係「完美無缺」，一切就會變得更好。然而，這也可能是扯自己後腿，導致拖延或耽誤（像是「除非完美，否則我就不交出去」）。

你在追求完美時，仍然是在迎合自戀者的投射，以及對於完美誇大不實的期待。不妨把心態改成「夠好就好」，承認自己的付出已足夠。洗好的衣服雖然沒熨，但目前乾淨了；工作雖然亂糟糟，但帳單已付清；杯子蛋糕可以買現成的，不一定要親手做。「夠好就好」是療癒的關鍵。一旦你完全接納、發覺自己不再設法達成「為他們做到完美」這種不可能的任務，就可以減輕這種不健康的標準所帶來的壓力。

練習正念

每當認識新朋友時，練習深呼吸並專注於當下，可以讓你更懂得明辨，因為你的思緒不會到處亂飛，而是專注於眼前的事。你愈能讓自己保持在當下，就愈能分辨不健康的模式，進而保護自己。

練習正念並不需要很複雜。你可以嘗試以下簡單的練習（隨身準備一點小零食，方便最後一步使用）：

- 找出五個你可以看到的東西
- 找出四個你可以聽到的聲音
- 找出三個你可以觸摸的東西
- 找出兩個你可以聞到的氣味（可以隨身帶一些芳療精油或香氛蠟燭）
- 找出一個你可以品嚐的味道

你在進行這項練習時，記得深呼吸。每天進行一次，可以幫助放慢思緒的節奏，尤其是當你正經歷辛苦的人際互動，或是剛從自戀型關係中脫身，正念練習特別有幫助。你可以隨時運用這個方法來重新調整自己的專注力。

另一個能讓你穩定情緒的正念練習如下：詳細描述你所在的空間，留意光線、聲音、氣味和物品的位置、外觀，以及細節。如果你在與難搞的人互動時感到不舒服，這種練習也可以即時派上用場（如果你跟怒氣沖沖的自戀者困在車上，不妨正念地細細觀察車窗外的景色）。

·讓你更具抗自戀體質的十大方法·

以下方法有助你拒絕未來可能出現的自戀者，也能讓你在當前的自戀型關係中保持理智：

1. 堅持自己的真實感受和想法，基本上就可以防止遭受扭曲認知。
2. 不再著迷於親和力和感召力。
3. 不要迷失在表面的條件，例如智商、學歷、外表、財富或成就。
4. 觀察他們如何對待他人（不要合理化他們的行為）。
5. 了解他們的慣性：觀察他們在壓力、挫折或失望中的表現。
6. 深呼吸，放慢腳步。
7. 與縱容自戀者的人保持距離。
8. 停止一次又一次給予第二次機會。
9. 培養更健康的社交圈。如果你生活中有夠多身心健全的人，這就是對抗自戀型人格的靈丹妙藥。
10. 適應不被多數人認同的選擇。要知道，你養成抗自戀體質時，可能遭人指責太過苛刻、嚴厲，甚至難以相處。

擁抱喜悅

接著，我們來談談「喜悅」。還記得那是什麼感覺嗎？如果你在一段自戀型關係中待得夠久，可能早已忘記了。自戀型關係掠奪了喜悅：在這種關係中，你很難感受到幸福、安全和自在。你耗費大部分心力要避開威脅，而不是欣賞那些稍縱即逝的美好時刻。喜悅是由自戀者來決定，如果他們心情不好，身邊的人都得陪著受罪。允許自己感受喜悅，是培養抗自戀體質非常有效的方法。這並不是說要假裝保持正能量，或列出你感激的事物，而是允許自己停下來細細品味喜悅的點點滴滴。

與其把時間花在監控自戀型者的情緒與需求上，訓練自己去挖掘那些生命中偶爾閃現的喜悅時刻，才能培養出抗自戀體質。從一場燦爛火紅的日落、一支美味的冰淇淋、孩子唱的一首歌，或是窗外的蜂鳥中找到喜悅，不讓這些短暫的時刻被奪走，提醒自己有比自戀型關係更廣大的生命經驗，也有超乎你想像的美好和希望。抗自戀體質指的是珍惜這些獨自喜悅的時刻，而不是與可能語帶貶意或否定的自戀者分享。

早已習慣開心就會遭到羞辱的你，想到自己在自戀型關係之外感到快樂，可能會有「喜悅的罪惡感」，覺得自己正在做一件被視為禁忌的事。接著你可能會有「喜悅的懊悔」，想起多年來努力苟且偷生而錯失的美好時刻。好好去尋找這些驚喜、喜悅和美好時刻，沉浸其中，讓這些體驗完全包圍著你。時間一久，那些「偷來的喜悅時刻」可能再度會成為多彩多姿的生活。你也可以考慮寫喜悅日記，把這些日常的美好時刻記錄下來。你愈是放大對這些事的注意力，生活中就會愈多這樣的時刻。

對於正在經歷自戀型傷害的人來說，感受喜悅是屬於反抗的行為。喜悅感被奪走太久了，我只能比喻成像是在黑暗中沉睡了很久後，終於讓陽光重新進入；剛開始你可能會感到刺眼，但你會愈來愈熟練於尋找這種光，並且享受當下。這就像你的靈魂從長眠中醒來，你發覺自己不僅能感受到那些美好，還能從過去沉重的糾結中解脫。

抗自戀體質關乎過去、現在與未來，重點是開始弱化那些創傷羈絆，活在當下，並能認清不健康的行為，確保自己不再落入同樣的泥沼。這需要了解自己、相信自己的真實感受、立下符合自己需求的界限、慢慢進入新的關係、交往過程要保持謹慎。你的腦袋想替某些事找藉口、身體卻感到不對勁時，記得多加留意、建立防火牆。在經歷了長久的自我貶低後，你可能甚至沒有意識到，原來自己才是最美好的陪伴。

脫離有毒的關係實屬必要，但對於你不打算離開的關係呢？如果我們選擇留下，又該如何療癒自己？

第 8 章

留在關係中療癒與成長

改變相處方式，讓自己有空間復原

外境不會改變，我們自己改變。

—— 亨利．大衛．梭羅（Henry David Thoreau）

寶琳漸漸懂得完全接納現實的意思了。她正在面對已長大成人的自戀型孩子、忍受職場的自戀型主管（因為她需要工作上的福利），還要協助照顧自戀型父親和善良但縱容父親的母親，而母親的健康狀況也很不穩定。她感到身心俱疲，知道這一切都不可能改變，每天心頭都覺得很悲傷。然而，她很喜歡自己的新工作，陪伴她的愛犬能讓她聊以慰藉，她也熱愛進行園藝的時光。

在經歷了過去和現在的自戀型關係後，寶琳發現，與人深入交往對她來說太痛苦了。她不喜歡自己會羨慕別人的生活、幸福的家庭、與成年子女的親密關係、家庭出遊的快樂。雖然她仍然很珍惜朋友，但為了自我保護，她不像以前那樣常常出席聚會。她也早早就不再上社群媒體。寶琳知道，自己無法完全擺脫自戀型關係，因此也不會考慮這種可能性。當別人給她一些表面的建議（例如「尊重自己，離開吧！」或「斷絕聯絡就對了！」），她只會感到更加心累。她的「超能力」是從日常的小確幸中找到喜悅：帶狗去爬山、一次美麗的日落、一株剛開花的植物，或是一部值得追的影集。她在那些自己能掌控的事物中找到意義，並發現療癒、接納和面對悲傷是需要每天微調的過程。

現實是，許多人無法輕易脫離自戀型關係，而幾乎每個人都至少有一段無法真正結束的自戀型關係。光是告訴自己「這段關係有毒，我要離開」往往太簡化了，也許你之所以留下來，是因為有孩子要照顧、需要這份工作，或無法想像與父母或家人斷絕關係，再難相處也要忍耐。也許你需要那個夥伴，儘管這段友情正在消耗你的心力。無論選擇留下的理由是什麼，如果想在關係中療癒，你就得改變與這些人的相處方式。但留下的理由不能是因為希望關係會改善，或覺得自己應該試著忍耐和調適。選擇留下代表你要找到不受傷的方式來維持這段關係，並讓自己有空間療癒。

留下分成不同的層次。在比較嚴重的情況下，你可能是選擇留在長期的毒性婚姻或親密關係中、定期與自戀型父母聯絡，或是繼續和對立型事業夥伴或老同事合作。這些關係因為歷史較久、盤根錯節，不僅傷害的影響更深遠，想要離開也更為困難。比較輕微的情況可能是，雖然結束了一段關係，但仍然選擇保持部分聯絡，例如偶爾聯絡難相處的朋友、愛否定人但不常合作的同事，或是鮮少拜訪的有毒家族成員。你可能不會與這些人斷絕關係，因為他們屬於重要親友圈的一部分，你和他們的接觸頻率不高，雖然每次相處都不愉快，但不足以造成重大影響，又或者你覺得刻意斷絕聯絡沒有必要，因為這樣反而可能引發更多衝突。

本章會分析在自戀型關係中，如何拿捏留下與保持部分聯絡的平衡，既不助長自戀模式，也不把責任都怪到自己頭上。本章還會提供重要生存技巧和訣竅。想要在關係中療癒與成長，需要你清楚覺察到發生什麼事、準備好面對與自戀者的對話、從中逐漸復原、關注起心動念，而且絕對要保持務實的期待，以消化可能一再出現的失望和悲傷。本章中的練習有助你忠於自己、堅持目標、避開衝突、進而找到變通方案，不讓這段關係對你的貶抑影響個人發展。

待在有毒情境中療癒的最大難題是，自戀者並不希望你療癒。這不是因為他們在乎你的療癒本身，而是因為你療癒了，就代表他們從你獲得的餵養變少了。你的療癒代表你在貼近自己的真實感受，不再跟他們同步，這就違背了他們對掌控和支配的期待。自戀型關係就像熱氣球上的沙袋：你設法起飛時，沙袋只會把你拉回地面。本章會教你如何剪掉那些沙袋的繩索。表面上看起來你還是待在自戀型關係中，但至少你的精神可以自由飛翔。

別再因為選擇留下而責怪自己

選擇留在自戀型關係中，甚至只是繼續和他們保持聯絡，可能會讓你覺得自己「做錯了什麼」。但實際上，你的理由無關乎別人，而這些關係本身已充滿了羞辱感，如果你繼續否定自己，反而會阻礙你的療癒過程。

也許你之所以選擇留下，是因為希望關係會有所改變，或是覺得幾天的相處愉快代表情況開始好轉了。

也許你選擇留下是害怕孤單或獨自變老，或是因為對自戀者心生憐憫與罪惡感，認為如果離開，自戀者就得一切自理，這種情況在面對脆弱型自戀者時可能特別明顯。

我們每個人天生都喜歡熟悉的事物，就算對我們有負面影響也一樣。即使處於有毒的自戀型關係中，日常例行公事和熟悉感也可能帶來安慰的假象。

也許你選擇留下是因為務實的考量，包括孩子、金錢或住處；也許你選擇留下是因為文化壓力、責任感，或是對離婚、家庭疏離或關係破裂抱持偏見。

也許你選擇留下是因為體制的限制，例如家事法庭、組織人事系統或現有法律結構，讓你缺乏救濟管道，離開關係反而可能讓你面臨更大的風險。如果你因為種族、性別、性向或社會階級的影響，導致社會話語權較小，這種風險會更加明顯。

留下是你的選擇，接受這點會讓你更有力量。這個選擇背後必有原因，好好了解你選擇留下的原因，覺察你自己的起心動念。如果你為了孩子而留下，那就全心陪伴孩子，讓他們的生活充滿同理心和情感覺察，這對於有自戀型父母的孩子尤其重要。如果你是為了工作，就專注於工作所帶來的益處，例如人脈、技能、福利或退休金。精明地看待工作會讓你覺得自己不只是被動地接受，而是有策略地最大化個人利益。你甚至可以利用下班時間，培養更有趣的新能力或副業。一旦你選擇留在自戀型關係中，就必須面臨對方持續的傷害了，千萬不要再加上自我批判。

療癒的障礙

療癒的重點並不是「離開」，離開只是療癒過程中的一部分。但你選擇留在自戀型關係中時，想要療癒自己就像是在逆流而上。也許你覺得，只要繼續留在這段關係中，或與自戀者保持聯絡，有一天你說不定變得夠健康，然後終於可以離開。你可能也會擔心，家人拿你的療癒過程來佐證扭曲的觀點，像是「看吧，你的童年沒那麼糟糕，因為你現在過得很好。」隨著你愈來愈好，可能會發現自己不再適合待在自戀型關係中，繼續下去可能會讓你感到與現實脫節。你的療癒可能會被認知失調所阻礙，因為你合理化種種不舒服的真相，來避免內心的矛盾，舉例來說，與其承認「我和一個憤怒的伴侶處於一段憤怒的婚姻中」，可能更容易告訴自己：「他只是因為工作壓力大才會這樣。」那個選擇合理化關係的你，比起看清事實的你，更容易融入這段失能的關係。這一切可能會讓你在潛意識中抗拒療癒。

其實，療癒比離開更重要。即使你沒有選擇離開、斷絕聯絡，或是打亂自己的生活，你依然可以療癒自己。療癒的關鍵是重新掌握自己的力量。當你改變自己、更不容易被扭曲認知、找到自己的聲音、不再接受自戀者看到的現實，自戀者就可能會對你不再那麼感興趣。他們只對能當作「自戀餵養來源」、「工具人」或「出氣筒」的人感興趣。一旦你不再扮演這些角色，他們可能就會選擇停止關注、不再投入或乾脆遠離你。請做好心理準備，這可能會讓你覺得害怕，因為內心對被拋棄的恐懼可能會讓你想停止療癒與個體化，好讓關係維持下去。

我不想承認，但我還愛著自戀者

這點我們討論得還太少，一般人的觀點都是：「這段自戀型關係太不健康了，你一定要快點脫身！」但愛和依附的力量可能依然在你心中。無論這段自戀型關係多麼危險、痛苦、造成多大傷害，你可能仍然愛著自戀者，而且還沒準備好離開。我聽過太多倖存者告訴我：「我真希望自己能恨他，這樣一切就簡單多了……」即使你努力解開創傷羈絆，面對自己的內心，依然可能發現自己對自戀者抱有愛的情感，並因此感到羞愧、心碎或愚蠢。療癒的過程在於不去評價自己的感受。在這個過程中，沒有所謂的對錯，只有學習。不要因為有感受而覺得羞恥，也不要輕易認為這只是創傷羈絆，這可能是你真真切切的感受。從這些關係中療癒的關鍵，是擺脫非黑即白的思維模式，去擁抱那種複雜的灰色地帶。

你可能認為要走上療癒的道路，就必須將自戀者視為徹頭徹尾的壞人，但這樣的想法可能會逼你對自己說謊，而這對療癒無益。你當然可以愛著自戀者。實際上，承認你對自戀者的複雜情感和共同經驗，可能讓你更貼近真實的自己。還記得「多面事實」嗎？在愛情裡，這種矛盾特別明顯：他們扭曲我的認知、操弄我的情感，但我們有共同的過去，我也愛他們，好希望一切可以改變。這種微妙的平衡讓你只能趁狀況好時喘口氣，但同時又不能放下戒心，也要誠實面對自己的感受。這點確實不容易，但並非不可能。沒有人（包括我在內）可以叫你不去愛一個人。你有自己的理由選擇留下或維持聯絡，而美好的過去可能加強了你的決定。只是不要再因為美好的過去而上當，讓你對這段關係或對方的行為抱有不切實際的期待，否則只會再次陷入傷害與失望的循環。

留下來會對我造成什麼影響？該怎麼辦？

無論你是否離開這段自戀型關係，療癒都有可能發生。然而，我不能只說好聽的話，與自戀者共處或定期互動，就像與吸菸者生活在一起，即使有空氣清淨機、開窗通風、保持清潔，長時間下來，你還是可能會生病。

如果你選擇留下，在大部分情況下，完全「解決問題」是不可能的。這段關係裡總是會有各種變通辦法、地雷和緊張情緒，絕對不可能輕鬆。對方不會改變，而你的身心也無法完全適應他們造成的衝擊。務必要了解這些限制，否則你可能再次陷入自責的模式，心想：「這下可好了，我就連療癒都做不到」。其實，你做得很好了。這是全新的現狀：自戀型關係仍然如故，但你正在改變。

選擇留下來需要清晰的覺察力、明確的期待和對自己的溫柔。我們接下來就要看看該如何實踐。

消耗殆盡的心力

一旦你看清並接受了自戀者的真面目，你可能會發現自己不得不處理他們的行為引發的後果：孩子內心受傷、家人怒不可遏、同事沮喪挫敗、計畫全被打亂。這些事會持續消耗你的心力。同時，你還可能需要採取安撫和迴避的策略：「我不能提這件事」、「我不會告訴他這個好消息」、「我不能讓他知道我們得導正這個錯誤」。

你的心力還可能遭到長期的匱乏感消耗。[①] 多年來，在至少一段重要關係中，你覺得生活缺乏溫柔、尊重、共鳴或平衡。在這種匱乏的環境中，你只是在努力生存，專注於眼前的需要。如果食物短缺，你會專注於尋找食物，而不是思考獨立的自我認同或人生目標。在自戀型關係中也是類似的情況：缺乏健康的情感行為和相互尊重，每天都只在因應當下的問題，讓你難以專注於更高層次的成長或其他關係，最終可能導致心力交瘁或健康問題。

為了補充你的精力，你需要進行「務實的自我照顧」。這不是指水療、按摩或是自我激勵，而是要正視自己心力用光的時刻，即你感到疲憊、腦霧、四肢無力、自我懷疑或難以做決定時，給自己一些喘息的空間，可以是暫時不盯著電子郵件、晚餐叫個外送、出去散步、早點上床休息、暫時不去洗水槽裡的碗盤，或打電話給朋友。同時，你也要填補匱乏，轉向生活中那些充滿同理心、理性和善意的地方，一旦獲得這些支持，就能讓你恢復足夠的心力，繼續走下去。在自戀型關係中，最大的誘惑就是硬撐，因為硬撐是你一直以來的慣性。停下來、深呼吸、重新調整，好好看見自己的生命故事。

感覺自己不一樣了

你可能不喜歡自己在自戀者身邊的樣子，或不喜歡留在這段關係中對你的影響。你日常的念頭可能愈來愈不安，甚至會羨慕那些生活中沒有自戀者困擾的人，例如擁有幸福婚姻的人、有慈祥父母的人，或是合作風氣良好的職場環境。你可能會經歷同理心疲勞，變得麻木，或是萌生平常不會有的惡劣或復仇念頭，例如希望自戀者死掉，或是希望他們的生意失敗。這些感受都違背了你對自己是個好人的認知。

首先，務必要認識到，這些關係都是在迫使你重塑自我認同來求生，甚至你的自我認同可能本來就是在這些關係中形成的。接著，想要減少自我批判，就回到「多面事實」的觀念。你可以替朋友感到開心，但同時也羨慕他們；在安全的關係中，或是在諮商的場域內，你甚至可以試著探索這些感受。任何含有「應該」的想法都很危險（例如「我看到姐姐的婚姻美滿應該要開心」、「我看到朋友家人關係緊密應該要開心」、「我不應該對別人抱有惡意」）。這些「應該」也許是種理想，但沒有人是完美的，所以這些感受都很正常。看見自己腦海中的「應該」思路，認清這是源於你對正常與健康生活的渴望，然後練習對自己溫柔一些。

對自己很苛刻

如果你選擇繼續留在這段關係中，就好好反省你與自己對話的方式，以及你看待自己的方式。你選擇留在關係中時，就等於選擇了讓自己留在遭到貶低的環境，而重視自己與療癒等行為往往與留下來有所矛盾，甚至可能會遭到自戀者或周圍的人嘲笑。你可能會發現，你對自己說的話比自戀者對你說的話還要惡毒。遺憾的是，對自己很壞其實是「拼湊碎片」的方式，你持續抱持自己「很糟糕」的觀念，並受到對方對待你的方式所強化，而你的自我對話則進一步反映了這一點。

以下這項練習，就像往臉上潑冷水，目的是學會用不同的方式與自己對話，帶著善意和包容來對待自己。找出一張你小時候的照片，想像一下對小時候的自己說：「你很笨耶」、「你太敏感了」、「你有缺陷」。對照片中的小孩說出這樣的話並不容易。而那個小時候的你，其實就是現在的你：你現在對自己說難聽的話時，就如同在對那個孩子說這些話（而這也可能是那個孩子當年聽過的話）。你看著自己小時候的照片時，可能會更容易對自己產生溫柔。所以，每當你心中浮現那些自貶的念頭時，就看看那張照片。你對自己的說話方式會形塑你的現實，你告訴小時候的自己有缺陷或很笨，就會活出那樣的認同。當你有這樣的念頭時，暫停一下，然後拿出那張照片。即使自戀者仍然會否定你，但現在你可以學習不同的對話方式了，不要再替他們做「骯髒的事」。

留下來後該怎麼辦？

如果你無法離開一段自戀型關係，或是不想完全斷絕聯絡，那該如何在這段關係中保護自己不受自戀型傷害的影響，同時依然療癒自己呢？以下列出一些技巧與儀式，有助你在這種複雜且有毒的關係中成長與療癒。

立下界限

立下界限聽起來很棒，「立下界限就好啦！」但實際上是什麼意思呢？這代表你需要釐清自己的舒適範圍，並根據這些範圍在關係中設定限制。然而，在經歷多年的自戀型傷害後，你可能連自己可以接受什麼也不確定。在一段健康的關係中，你可以立下界限，有人越界時可以與對方溝通，他們會逐漸察覺、進而改變自己的行為。然而，在自戀型關係中，立下界限卻是虛偽的練習，因為自戀者會期待你尊重他們的界限，但他們卻不會尊重你的界限。然而，如果你決定繼續留在這段關係中，界限實屬必要，你不可能在一夕之間立好界限。界限的目的是帶來安全感，而這正是自戀型關係中所缺乏的。立下界限說來弔詭，改變後的行為雖然更健康，但短期內可能會讓人不自在。

立下界限的關鍵在於，界限其實是「內在工作」，不再是等待自戀者尊重你的界限，而是攸關你如何設立並尊重自己的界限。你要清楚地知道什麼對你來說可以接受，然後慢慢學會不再與自戀者分享你的重要大小事，例如感受、情緒、抱負或負能量。你還需要劃出不容妥協的界限，例如有人無法容忍出軌、有人無法接受肢體暴力。如果自戀者越過這條不容妥協的界限，你可能會因此有勇氣設立更清晰的界限，甚至直接離開這段關係。然而，在許多中度自戀型關係中，對方可能不會越過那些明確的界限，也許沒有「重大」的越界事件（例如外遇或遭到逮捕），而是無數累積的小屈辱。在這種較不明顯的情況下，立下界限會更加困難。

以瑪莉安娜的例子來說，她與自戀型先生婚後設立了兩條「規則」：不准外遇，不准肢體暴力。她在心中答應自己，如果打破這兩條規則，她就會離開。結婚十年後，她發現先生不忠，於是她離開了。不久後，她的母親過世，自己也生病了，此時先生回來，保證不會再犯（但又重蹈覆轍）。下一次，她終於徹底離開了。

搬出去自己住後，瑪莉安娜專注於經營親友的關係，也開始注意到以前未曾察覺的模式：有些親友並不尊重她的時間，有些人會臨時要求她幫忙照顧孩子。對她來說，拒絕姊姊的請求是跨出了一大步。當時，姊姊臨時要她一小時後去學校幫她接小孩。儘管過去多年來瑪莉安娜已幫忙了數百次，姊姊仍然指責她「從來不幫忙」。

另一個例子是她和老友規劃了一趟週末旅行，但老友經常在最後一刻更改計畫。當老友表示想帶丈夫和其他朋友加入行程，瑪莉安娜說：「不行，我當初的打算就是這個週末只屬於我們兩個人的喔。」讓她感到意外且欣慰的是，朋友居然說：「好，謝謝妳告訴我，抱歉我不應該臨時改變計畫。」原本她在立下界限時先是一陣惶恐，擔心朋友會生氣或取消行程，但瑪莉安娜學著看見自己的需求、重視自己的時間，進而勇敢地設立界限。保護自己是個漸進的過程，但她也發現並非所有越界的人都一定是自戀者。雖然立下界限讓她不太自在，但她逐漸明白這不必然會導致失去關係，或要面對對方的憤怒。

學習在療癒過程中立下界限，也代表要釐清內心的恐懼。問問自己：我對於立下界限的恐懼是什麼？是對方的憤怒、關係的結束、內心的罪惡感，還是冷戰的沉默？許多案主非常清楚自己的界限，但因為害怕遭到羞辱和怒斥而裹足不前，或內心感到愧疚而無法立下界限，或擔心會讓對方失望、感到受傷。了解這些恐懼也許有助你認清立下界限的障礙，而不僅僅是認為自己不擅長設立界限。

立下界限還牽涉你對自戀者過度反應的耐受度。如果這個自戀者總是愛發飆，而這對你的心理健康造成極大的負擔，設立界限可能會難以實行，這樣也沒關係。如果你選擇繼續療癒自己，同時又要留在這段關係中，可以努力培養不在乎他們想法的心態，儘管對於部分倖存者來說，可能無法真的完全不在乎。在自戀型關係中，管理界限的最佳方式就是避免互動、譏諷、爭論或被挑釁激怒。

在這個過程中，你也可能對於非自戀型關係中的界限有新的領悟。對於倖存者來說，界限常常是一輩子的挑戰，許多人可能會基於恐懼（「如果我立下界限，他們可能會拒絕我」或「他們可能會生氣」）而不敢行動。真相是，他們也許真的會拒絕你或對你發脾氣。但立下界限揭露了關係的真相：如果因為你立下界限而「失去」某些人，或用以退為進的方式反應，這就暴露了關係中讓人不安的真相。你可能在療癒過程中，擔心失去旁人支持而避免立下界限；然而，仔細檢視種種讓你不太舒服的真相，運用你的明辨力，你原本以為「健康」的關係，是因為你未曾立下界限才得以維持。

最後，努力在別人越界時採取堅定的回應，找到自己「說不」的勇氣。與自戀者相處時，立下界限並不屬於合作行為，你必須成為自己的守門人。有些人認為，必須反覆立下界限直到對方明白，但在自戀型關係中，這種方法並不奏效。等待自戀者理解並尊重你的界限，就像在公車站等待潛水艇一樣絕望。如果你每次立下界限都期待自戀者遵守，結果他們輕蔑地調侃或無視，只會累死你自己。找到自己「說不」的勇氣，認清這是一個內在的過程，可以讓立下界限不再徒勞無功，而會是賦予你力量的行動。練習在健康的關係中設立界限也很重要，藉此看見相互尊重的關係可以因為你表達需求，成長得更加穩固。

「低接觸」策略

潔西卡發現姊姊不顧自己多次抗議，仍然在散播毫無根據的八卦，就選擇了另一種因應方式：低接觸（low contact）。除了家庭聚會之外，潔西卡不再主動聯絡姊姊。她學會僅對姊姊的孩子、天氣或家中重新裝潢敷衍寒暄幾句，然後就離開現場，避免進一步對話。完全接納現實後，姊姊的行為依然會讓潔西卡有點不舒服，但她也不再感到意外。她藉由低接觸，得以維持家中其他重要的關係，同時避開姊姊的百般操縱。

所謂低接觸，是指你一年只參加數次家庭聚會，或只在孩子的足球比賽上見到前夫或前妻。你與對方一定得交談時，刻意選擇中性的話題，像是聊聊天氣或市中心新開的咖啡廳。低接觸的意思是在情緒升溫前抽身離開。這種方式雖然聽起來簡單，但實行時往往會面臨挑釁（自戀者利用敏感話題來激怒你），或來自縱容者的壓力（如「拜託，弟弟沒那麼糟啦」或「別這麼冷淡，放輕鬆點」）。低接觸的意思是堅守立場，即使敏感話題或壓力浮現也一樣。這其實是一種折衷的方法，能讓家人相處時還算和諧、職場順利運作、孩子感覺安心一點，也讓社交圈保持融洽。

你要按照自己的步調來執行低接觸，頻率因人而異。有些人是一週一次，有些人是一年一次。低接觸也是有意識的選擇：你只在自己覺得自在或重要的場合（例如孩子的表演）與自戀者或縱容自戀者的人互動；你是為了支持重要的人；你確定自己隨時可以脫身，哪怕只是去附近走一圈；你選擇在自己有心有餘力時再進行接觸。這樣你就能進行無關痛癢的對話、守住界限，一旦感到不舒服就轉身離開。我見過有人用低接觸的方法因應子女的婚禮（自戀型前任配偶在場）、參加有多位負能量家人出席的葬禮，或在專業會議上面對會情緒勒索或自戀型前同事（低接觸的小訣竅：盡量避免單獨和自戀者坐同一輛車，因為這樣你會被迫聽他們說話，難以脫身）。

「灰石法」與「黃石法」

如果你讀過探討自戀型傷害的文章，可能對於「灰石法」（gray rock）這個詞有所耳聞。灰石法指的是像一塊灰石一樣無趣，只用最小的反應、淡淡的情感和簡單的回答來應對。這是最接近「零接觸」的方式，保持最少的互動。說穿了，你不再是他們的自戀餵養來源。灰石法可以應用在即時對話、簡訊或電子郵件中：不必長篇大論，單純只有基於事實、是與否的回答，或是簡單確認訊息已收到即可。灰石法是刻意抽離的溝通方式，不帶情感、草率、簡短、樸素，而且不流露脆弱。

你剛開始使用灰石法時，自戀者可能會很生氣，因為你不再滿足他們對爭辯、灑狗血、認可和崇拜的需求。難就難在你能否承受他們最初的暴怒。他們可能會更加逼迫你、試圖挑釁你、加倍侮辱你。你可能會聽到類似這些話：「你現在是怎樣？覺得自己太了不起，懶得和我說話嗎？怎麼，現在去做心理諮商了？是心理師叫你這麼做的嗎？」要有心理準備，這個過程可能會讓你感到煎熬。但當他們感到無趣而放棄你，美好的日子就會到來。然而，這也可能引發你對遭到遺棄或孤單的恐懼，但千萬不要屈服，那只是創傷羈絆的影響罷了。

然而，灰石法不見得一定可行，例如你有共同撫養權、在職場上要維持一定的友好，或是跟部分家人保持親近。在這些情況下，你可以選擇「黃石法」（yellow rock）。黃石法的基礎是灰石法，但增加更多的情感和禮貌。這個詞是由教練蒂娜・史威辛（Tina Swithin）提出，[2] 她認為冷淡、簡短的溝通在共同撫養孩子的情境下並不合適，也不適用於法庭或調解等場合。孩子需要看到父母之間有些文明的互動，而灰石法可能會讓孩子感到不安。黃石法讓你能保持自我，同時理解自戀型溝通的陷阱。黃石法帶有溫度，迫使你專注於當下

（不提起過去的話題和傷痛），而且依然簡潔。我認為，黃石法在幾乎所有情境中都是極佳的折衷方案，因為在外人看來感覺更加「正常」，讓指責你冷淡的自戀者站不住腳。然而，你仍然不會放棄界限或讓步，而是可以展現真實的溫暖和情感，同時保持務實的期待，這勢必對你有利。

那黃石法要如何進行呢？舉例來說，葛洛莉亞的母親在家庭聚餐時，明知葛洛莉亞當時經濟困難，卻問她是否記得恭喜妹妹買新房時，葛洛莉亞直接冷淡地回答：「恭喜過了。」（灰石法）如果葛洛莉亞能以帶有些許溫暖的語氣回應：「當然記得，我昨天看到她房子的照片就回應了。」這就是黃石法。

避開互動的模式和陷阱

卡莉最近總是被愛貶低人的嚴厲哥哥逼問：「卡莉，為什麼你沒有來我們的周年派對啊？這對我老婆的意義重大耶，妳偏偏到最後一刻才出現。」卡莉解釋說，她需要到醫院加班賺錢才能支付開銷。「妳真的很會裝可憐耶。」哥哥說。

卡莉努力再解釋：「因為我的暖氣壞了，車子也拋錨，這個月剛好很辛苦。」

「妳都有各種理由，明明這件事已經提前幾個月跟妳說了，她還特地邀請妳。」哥哥回道。

卡莉說：「我知道，也真的替你們開心，二十五周年是大事！有沒有什麼辦法讓我可以彌補一下嗎？還是說我請你們吃頓晚餐？」她哥哥說：「不用了，反正妳大概又會臨時取消吧。」語畢，他就怒氣沖沖地離開了。卡莉後來哭著對朋友說：「我真的很糟糕，明明答應會去的，結果卻大遲到。」

你是否也曾在與自戀者的對話中陷入這種局面，還天真地以為他們在聆聽？想要在自戀型關係中生存下來，你必須拋棄以往的溝通原則，避免與他們陷入有害的互動。D.E.E.P.技巧可以提醒你要避開哪些地雷來保護自己，以免陷入遭到扭曲認知、挑釁否定的常見窘境。這個技巧相當實用，讓你不會在對話時感到挫折滿滿，也不會再責怪自己，同時減少你「餵養」對方的自戀、節省自己的心力。

以下是應該要避開的「D.E.E.P.」陷阱：

- Defend（辯解）
- Engage（互動）
- Explain（解釋）
- Personalize（不要認為是自己的錯）

不要辯解

在面對自戀者的行為時，辯解是我們最常犯的錯誤。有人指責我們明明沒有做的事，或對我們發表不認同的言論時，辯解是本能反應。然而，記得跟自戀者相處的首要原則是：他們並不在乎。不要浪費唇舌投入無謂的辯解，這只會提供更多的「餵養」，並且引發不必要的爭論。即使聽到他們在別人面前說你壞話，也不要急於辯解，反而可以與聽到這些話的人聊聊。如果有人相信自戀者的說詞，那只反映了這個人的問題，而不是你的問題。如果他們的行為構成毀謗、導致專業或財務的損失，那你應該諮詢律師。選擇不辯解並不等於可以任人擺布，而是避免把力氣浪費在無意義的事。

不要解釋

因為自戀者喜歡扭曲別人的認知，所以我們常常會忍不住向他們說明自己的理由。然而，他們會曲解你的解釋，不知不覺間又變成是你在辯解。你可能以為只要他們能聽到你的觀點，一切就會好轉，但事實並非如此。我通常建議案主把這些寫下來，或者在諮商過程中說出來，把能量轉移到別處，而不是對自戀者解釋。你需要接納這個現實：向自戀者解釋就像向雨說明為何會下雨：雨不在乎，仍然會下。

不要互動

這正是灰石法、黃石法和防火牆的功用。避免與自戀者來回爭論，如果他們滔滔不絕，就簡短地回應，然後轉移話題。不要主動進行對話，因為下場通常很慘。不要給予回饋或建議，讓他們自行承擔後果。雖然在同居生活或固定聯絡的情況下，很難避免實質的互動，但有個練習可能會有所幫助：開口前先在腦中模擬整個對話過程。如果你夠了解自戀者，就會發現即使是「想像出來」的對話，最終的結果仍然是扭曲認知、憤怒或否定。這個練習有助你克制自己進行互動。

不要認為是自己的錯

這點可能最難做到，因為自戀者的行為具有針對性，也確實會讓人受傷、產生真實的負面情緒。許多人會想：「也許是我的問題，所以他們才會這樣對我。」但務必記住：問題不在你身上！你並不是自戀者唯一的受害者，只是可能承受了最嚴重的傷害。自戀者真正注意的不是你這個人本身，他們貶低的是你提供的「自戀餵養」，因為你或任何人只是他們眼中的工具。對於倖存者來說，可能難以接受這點，因為已習慣於自責並認為「肯定是我不好」。事實並非如此，你愈能擺脫這種信念，愈能輕鬆地與他們脫離關係。

雖然「避開 D.E.E.P. 的陷阱」是很有用的技巧，但實行起來不見得很順利。有位女性朋友分享，她開始使用這個技巧、停止與自戀型配偶互動時，對方反而表示不要「相敬如賓」的關係，行為變得更加惡劣。這個方法會揭露自戀型關係中不舒服的真相，可能會促使你完全接納現實，但過程仍會讓人感到刺痛，假如你打算維持這段關係就更是如此。

不要再以他們為中心

你留在自戀型關係中，最大的難題就是自戀者仍然在你的生活中占有重要地位。在你了解自戀型人格之前，可能事事都會替他們著想（「我希望他不會介意，因為只要他開心，我的生活就會比較好過」)。你逐漸接納他們不會改變的現實時，也許心理上仍然會習慣與他們糾纏(「我要療癒自己，證明他無法控制我」、「我希望能升遷，這樣他們就會不開心」、「我希望他們發現我有新的約會對象了」)。

問題是，如果你在意自戀者，他們就依然是你的參照標準；你努力療癒是為了向對方證明某些事情，成功是為了超越他們。真正的療癒是把自戀者完全踢出你的世界，專注在你自己的成長、成功和幸福上。隨著你療癒自己，自戀者會慢慢變得不太重要。如果你選擇留下來，就需要試著不去在意他們的事。這並不容易，需要很多努力(沒錯，我就是指調停者和拯救者)。在這個抽離的過程中，你可能會覺得自己變得冷漠了，雖然你可能無法對傷害自己這麼深的人完全無感，但可以努力獨自活出你的人生。

看清自己的循環模式

想要處理自責，就需要自我檢視：留意導致自責的話語、念頭和行為。先跟信任的親友談談你在自戀型關係中遇到的問題，或是尋求諮商的協助。透過與其他人溝通，或許是最好的方法，可以減少羞恥感和自責，帶你跳脫惡性循環。記錄你說「對不起」的情況，因為這可能透露出自責的自我對話。

寫日記也是個好辦法。

我建議運用類似以下的流程圖，星號＊凸顯自責的模式，箭頭→反映行為、事件或話語如何一步步演變：

我的伴侶因為忘了帶資料而對我發飆，說如果我把家裡整理得更好，他就不會忘記了。→我先是道歉*，然後開始瘋狂地打掃，還在門口擺設了上班攜帶物品區*。→ 他又因為我加了那張桌子對我發飆。→ 我再次道歉*，但是不敢問他具體該怎麼做才好。隔天，我想要好好彌補，就提醒他檢查東西是否都拿了*。→ 他又對我發脾氣，說我把他當笨蛋。

這類記錄能幫你看到自己陷入循環的時刻和方式。你可能會心想：「我還可以怎麼做呢？」其實無論你怎麼做，結果都一樣，自戀者只會轉嫁怒氣和責任，因此你可以單純肯定忘記帶資料確實不方便，讓他們自己去暴怒。下次遇到類似的情況，你也許就能更清楚如何避免掉進道歉和彌補的惡性循環。如果你真的犯了錯，不妨就大方承認（「啊，我煮過頭了」或「我走錯路了」），但不要無限上綱到做人失敗的層面。

找到「心之所向」

奧多已不再回應自戀型母親對很多事的挑釁。對於能成功抽離，他很自豪，母子的對話變得相當少。有天，母親又開始挑釁他，但他沒有反應。接著，她開始對奧多的孩子酸言酸語：「我發現瑪莉艾拉最近變胖了。今天吃午餐的時候，我叫她要多吃蔬菜，少吃點義大利麵。」奧多當下再也受不了，告訴她這樣的話太過分了，並提到瑪莉艾拉最近過得不太好。隨後，他抓起外套就衝出門，卻被其他家人指責他「反應過度」。他很氣自己被母親激怒，但他決心要保護女兒，即使這樣的行為強化了母親對他的負面看法，像是他不夠貼心，成就也不如哥哥。

說來遺憾，你不可能永遠都成功抽離。如果自戀者開始對你在乎的人或事口出惡言，像是你的孩子、你的家庭、你的宗教信仰，或是表達種族歧視或不尊重他人的觀點，甚至是攸關家中財務或法律問題，不介入就會影響到重要家人，你該怎麼辦？完全避開 D.E.E.P. 陷阱可能不太現實。在這些時刻，讓你願意進入「虎穴」抗爭的事物，正是你的「心之所向」（True North），可能是你的孩子或家人、你的工作、某個理念或信仰。舉例來說，假如你與自戀型前夫或前妻有孩子的共同撫養權，對方只要嘲諷或責罵你的孩子，所有的迴避策略可能瞬間失效，你會為了捍衛孩子而反擊。

只有在攸關你的心之所向時再跟自戀者打交道，這樣可以產生更大的影響力。因為這樣一來，你不再針對所有事都爭辯，而是把心力保留下來因應真正重要的抗爭，但這也代表自戀者可能會察覺你最在意的人事物，藉此挑釁或激怒你。如果發生這種情況，秉持 D.E.E.P. 陷阱的原則，或是再次嚴肅檢視這段關係。

準備與釋放

朵芙發現，每次見到一位特別惡劣的同事之前，只要坐在車裡先深呼吸五次，提醒自己不要互動或不要認為是自己的錯，情況就會有所不同。結束又一次重挫眾人士氣的會議後（朵芙刻意把這類會議排在一天的最後），朵芙在回家途中與一位貼心的好朋友見面，打算那天晚上早點上床休息。

運動前的暖身是為了肌肉施力、運動後的收操是為了避免抽筋，你可以用相同的原則看待與自戀者的互動。事前的準備和事後的放鬆可以鍛鍊「完全接納現實」的能力，也有助你在這類互動後恢復心力。絕對不要毫無準備地就展開互動，即使時間不多，也要閉上眼睛、深呼吸、提醒自己避開 D.E.E.P. 陷阱，然後再進行互動。

互動結束後是我稱作「釋放」的階段。在與自戀者互動後，為自己安排一些時間，可能只是再做一次深呼吸，也許可以默念「這不是我的問題」這個句子。如果這次互動格外辛苦，就避免直接做下一件事。不妨休息一下，散個步、喝杯茶、聽點音樂、洗個澡、找朋友聊聊天、運動，或是看電視等，做些有助你調整心情的事，讓自己從辛苦的互動中冷靜下來，平復自己的內心狀態。

絕對不要當面揭穿自戀者

上面提到避開 D.E.E.P. 的陷阱，這點應該也非常合理，但許多人終於認清自戀型關係中的模式後，很想讓自戀者知道我們看穿他們了，但千萬不要衝動。你可能會想：「為什麼他們可以這麼輕易逃脫責任？這不公平！」確實，這一切都不公平。如果你跟自戀者說他們有自戀型人格，他們只會漫天亂扯，加上扭曲你的認知。這無法改變情況，反而可能導致你被指責有自戀型人格，接著必然是對方發飆，最後也不會改變他們的行為。即使你決定離開這段關係，這麼做也意義不大；但如果你決定留下來，就絕對是徒勞無功。理解這種人格特質的概況與特性是為了協助你應對，跟自戀者分享這些知識無助於療癒，無論選擇留下或離開都一樣。

接受諮商與參加互助團體

如果你選擇留下或與生活中的自戀者持續聯絡，諮商就非常重要。如果你已在接受諮商，重要的是要明白這個過程中不會有奇蹟發生。長期的自戀型傷害會對你的心理健康造成巨大遺毒，擁有傾訴的對象會非常有幫助。團體諮商也很有用，尤其是針對毒性關係倖存者的諮商，而且費用通常更為親民。互助團體也是很好的輔助，但可能無法取代專業諮商，因為互助團體通常是由同儕所帶領，可能沒有受過專業訓練的心理健康專家在場。

在世界上大多數地區，諮商並不容易獲得或不便宜。這加深了自戀型傷害對社經資源較少民眾的影響。資源匱乏往往讓人更難擺脫這些關係，無論是搬出去、聘請律師、支付離婚費用或辭職等選項都不可能。對於經濟資源不足的民眾來說，生活本就壓力重重，而自戀型傷害可能讓情況雪上加霜。資源較少的民眾被邊緣化，代表他們更可能在醫療、司法和執法等系統中遭遇認知扭曲與否定。在本書中，我反覆強調諮商非常重要，但我也深知這對許多人來說並不可行。

許多心理師仍在學習如何處理自戀型傷害。因此，儘管找到專精於這個領域的心理師最為理想，但只要是熟悉自戀行為、對立型人格特質、創傷或家暴的心理師，也可能幫上大忙。但最重要的是，選擇讓你覺得願意傾聽且能安心的心理師，你需要不會指責或羞辱你的心理師，不會質問你對自戀行為的「貢獻」是什麼，不會因為你懷疑某人是自戀者、有毒或扭曲認知而責備你，也不會要求你不斷給予第二次機會或一再立下從未被尊重的界限。最重要的是，專業的心理師絕對不會問你「為什麼不離開呢？」諮商要不帶評價、創傷知情、真誠且熟悉自戀型人格，這對於與自戀者仍然持續聯絡的倖存者尤其重要。

另外就是伴侶諮商。諮商對自己來說很好，但伴侶諮商的其中有一人是自戀者可能很棘手。務必保持雪亮的眼睛，確保心理師夠專業。如果伴侶諮商的心理師不了解自戀行為，可能受到自戀者的親和力、感召力和自信表現所迷惑。即使你能找到一位敢於追究自戀者責任的心理師，也要知道自戀者很可能會退出諮商。自戀型伴侶往往擅長在諮商時帶風向、表現得泰然自若，而你卻因為激動地訴說挫敗與強烈的感受，而顯得脆弱不堪。

如果有其他人的推薦、自己也正在接受個人諮商，而且能允許自己在伴侶諮商中感到不安心時毅然結束，嘗試一次也許值得。但如果在諮商中你感到自責，或是自戀型伴侶把過程拿來當成攻擊你的武器，那你就應該重新考慮。同理可證，公司建議用調解來解決與有毒同事或上司的衝突時，也需要保持謹慎。如果調解人不了解自戀行為，這個過程可能會讓你覺得遭到扭曲認知或更加貶低。在職場以外尋求諮商資訊，可能是因應這些情況的關鍵。最後，正如本書一再強調，如果你選擇留在自戀型關係中，諮商以外的社會支持非常重要，像是朋友、家人、同事等。認可、尊重、同理和溫柔的親友關係與經驗，都是療癒過程不可缺少的部分。

心靈疏離

這種方法可能會讓你感覺不舒服或不真實，但你可以表面上維持一段關係，同時試圖讓自己的心靈保持疏離。我曾諮商過一名女性案主，她的自戀型先生經常在她分享新點子或好消息時，敷衍地聽了幾句後問：「這個天馬行空的想法要花我多少錢？」或是告訴她，她先前會成功都只是運氣好。她基於各種原因不想要離婚，但我們努力讓這段關係不再讓她大感崩潰。我教她不要把先生當成分享好消息的第一個對象。時間一久，她發覺這種分享好消息的行為其實是討好的回應，設法贏得丈夫的好感，就像她童年在努力討好自己的父母一樣。

心靈疏離可能代表你得保護自己的弱點、夢想和希望，等於要時刻覺察自戀行為，以及這類行為對自己的影響，然後改變你的因應方式：少互動、少分享，不再被挑釁。這代表要把內在的你留給能回應你的人。在嘗試心靈疏離時，不妨想像自己坐在一片光亮的雲朵中，模糊的邊界把你與貶低的行為隔開。單純想像自己在這片空間中平靜自在，就可以帶來心靈疏離的感受。

離開自戀型關係或明顯地遠離自戀者不見得是可行的選項，但這並不代表你就不能療癒、採用新觀點、追求更大的自主權、從自戀型傷害中復原。你可以做許多的事來保護自己，包括利用你對自戀行為的認識來抽離、允許自己在有毒且設限的環境中成長。這些微調和轉變有助你面對困難、保護你關心的人，同時探索和表達真實的自我。久而久之，你也許就會發現，即使你留在自戀型關係中慢慢療癒，最終也可能會在合適的時間點離開這段關係。

第 9 章

重寫你的生命故事

正視痛苦和負面的自我對話

我們對自己說故事，是為了活下去。

——瓊・蒂蒂安（Joan Didion）

露娜回想她的人生時，常把自己比喻成一個「懷抱希望的機器人」。她出生在傳統且父權至上的移民家庭，父親是自戀型人格，母親則是一輩子受到情感傷害、總是在討好語帶貶意的先生。在家中，露娜是所謂的寵兒、調停者、也是敢說實話的孩子。她是資優生，但哥哥卻成了代罪羔羊。惡劣且玻璃心的父親不時會偏心露娜，這讓她常常心生罪惡感。除非她按照父親看重的標準來努力，例如考到好成績或網球表現出色，否則父親根本不會注意到她。家裡所有人都不受重視又恐懼，每天生活都如履薄冰，而親戚們卻視她父親為成功典範，常常縱容他的壞脾氣。

露娜既聰明又有抱負，但母親因為創傷羈絆而心神不寧，父親又只會批評她、毫不在意她的感受，甚至在她沒考上常春藤大學時還冷嘲熱諷。由於她的成長過程並未得到人生指引，她也自己沒有信心，不敢主動去找輔導資源，或為自己爭取機會。最後，她靠著天份考上了一所優秀但並非頂尖的大學，就讀醫學院、成為一位醫師。她在社區醫院有份穩定的工作，還有實力與抱負成為自身醫學研究領域的佼佼者，但她說服自己打消這個念頭。她內心深處早已內化了童年被灌輸的價值觀，那種「自己不夠好」的信念宛如刻進她的情感 DNA 之中，讓她同時對「傲慢」和「失敗」充滿恐懼，因為她相信，一旦失敗就會遭到其他人的輕視和嘲笑，這成為她前進的阻礙。

露娜真的相信自己無法達到外界的期望，也覺得一旦出現重大失敗，自己根本無法承擔後果。在她的內心劇本裡，成功的機率根本等於零，她看到的只有失敗帶來的災難。她的心情在兩種矛盾的幻想中掙扎：一方面想要證明父親的看法是錯的，要他不再貶低和嘲笑她；另一方面又認為自己平庸至極，竟然還妄想達成更高的目標，實在太可笑了。

在感情上，露娜總是選擇那些有成就卻看不起她的男人。最後，她嫁給了一位比她大十歲的資深醫師，兩人有了孩子。時間一久，她的才華和抱負漸漸被打壓，一切都以她先生的事業為重，也經常遭到先生貶低。露娜的職涯因此停滯不前，只能在一家中等規模、經營欠佳的社區診所上班，高層主管同樣會打擊員工士氣，讓她得不到應有的肯定。她的先生控制欲很強，還會在吵架後讓她覺得一切都是自己的錯。露娜覺得人生卡關了，在諮商過程還承認自己會幻想，假如她的先生死了，自己是否就可以解脫了。心理師問她：

「與其幻想有人死了，妳有沒有思考過離開這段婚姻呢？」露娜回答：「我不知道自己有沒有那個力量。」

露娜繼續接受心理諮商，找數名信得過的朋友討論，才終於意識到結束這段婚姻雖然可能會失去原生家庭的支持（因為她父親認為離婚會讓家族蒙羞），也可能讓她和兩個孩子陷入經濟困境，但她還是下定決心離開了。她搬進了一間小公寓，與前夫共同撫養孩子。

離婚的過程並不容易，而且因為各式各樣複雜的原因，露娜拿到的資源比她預期的還要少。但她沒有因此感到挫敗，反而想著：「我自由了！現在終於可以追求自己的夢想了！」然而，現實並沒有她想像中那麼順利。她常常因為自覺「好高騖遠」和還不夠格而錯失大好機會。在原來的婚姻中，她讓前夫掌控家中財務，因為她常被罵沒有理財觀念，導致現在必須重新惡補這輩子理財知識的空白。她的父親更是從小就覺得女人不需要懂錢，所以她也沒從父親那裡得到相關指導。露娜的債務愈來愈多，但她依然覺得至少這些錯誤是自己的選擇，比起過去凋零的婚姻生活或原生家庭，還是好很多。

露娜後來重新開始約會，沒想到她認識了更多自戀型男性。她進入了全新的關係，但這些關係同樣充滿了打擊與情感傷害。她的前夫至少從未出軌，但現在她親身感受到自戀者劈腿所帶來的痛苦。儘管露娜最終慢慢擺脫了新一輪的自戀型關係，但她實在心力交瘁。然而，她始終堅守與家人之間的界限。日復一日，即使生活有重重的困難，露娜依然提醒自己要獨自生活、單身一人，這樣仍然好過以往那些關係中的大部分日子。

後來，露娜的創業開始有了成果。過程中，她經常遭遇別人的否定，但無數挫折帶來的壓力並沒有讓她慢下腳步。多年來在自戀型關係中周旋的經驗，讓她培養出強大的韌性與彈性。她的新事業逐漸拓展，成為她的全職工作。雖然事業穩定成長、獲得很好的回饋，但內心依然有否定自己的內在聲音，她每天都在擔心會一敗塗地，但她還是沒有停下腳步。

久而久之，露娜認清一件事：雖然她已跟自戀型家人與前夫保持距離、立下界限，但他們的聲音卻還留在她的腦海裡。她的念頭常常陷入一個矛盾的迴圈：一方面想讓事業成功來證明他們錯了，另一方面又希望他們以她為榮。在心理諮商的協助下，她慢慢學會去連結自己的感受，專注於自己的身分認同、內在渴望，而不是遭到以前生活中自戀者的觀點牽著走。她甚至逐漸不再跟這些人談論自己的事業，也愈來愈不在意他們的想法。

露娜表示，此刻很開心。她說人生一直很不容易，甚至伴隨著痛苦，但現在她能清楚看待自己的人生和人際關係。雖然她仍然很遺憾人生繞了好大一圈，將近六十歲才知道自己想要什麼，但她也學會完全接納現實，她的交友圈縮小為一群具有同理心且溫柔的人，再也不浪費時間給那些讓她心累的人。

在最低潮的日子裡，露娜承認自己會很好奇，假如她的父母彼此相愛（父親慈祥和善、母親堅強自立），她的人生會是什麼樣子？假如她擁有自己的愛情，獲得支持和鼓勵，人生又會是什麼樣子？但在其他日子裡，她也明白要是沒有這些困頓，露娜就不會是今天的露娜。她以自己的處世彈性為榮。別人因為做事不順利而抱怨時，她反而感謝務實期待帶來的自由，而多年來與自戀者相處的經驗，讓她十分擅長臨場反應和迅速調整。她現在對失望已有充分的準備，不再像以往那樣把挫折視為個人的失敗。

真正支撐她走下去的是，當情況有所好轉時，她能從中感受到的喜悅與感恩。她能全然享受美好的日子，不會視為理所當然。如今，她也能很快看穿自戀者、不再跟自戀者互動，甚至完全不在乎其他助紂為虐的人怎麼看她，連她自己都佩服自己。她仍然帶著部分的人生遺憾，像是得知有夫妻婚姻美滿長久、晚年又有著穩定退休金，但這些心理刺痛轉瞬而逝。同時，她充分享受著自己的自由，珍惜與孩子們度過的美好時光、帶母親外出小旅行，以及打拼事業。儘管傷痛依然存在，但父親病重時，她依然扛起照顧的責任。對此，她並沒有期待任何回報，而當她深思自己為何如此，卻發現這並不是為了父親，而是為了她自己。這就是她的本質。

這不是露娜當初想要的人生道路，但這是她走出來的人生道路。她終於了解自己，明白原生家庭和過去關係的傷害對她造成的影響，也知道種種傷痕無法被抹去。但現在的她十分清楚自己是誰，帶著覺察活出自己的價值。露娜終於覺得，她可以做真實的自己，不必有任何恐懼，也正在重寫自己的生命故事。她深知，生活中是否有自戀者存在會造成很大的差異。她不再容忍笨蛋了。一年前，露娜認識了一個新朋友。對方很尊重她的工作，溫柔又體貼，沒有控制欲。她依然保持警惕，觀察是否有任何危險徵兆，堅持兩人慢慢來往。而對方也完全尊重她的步調，甚至展現了善意，看到她的優點，沒有對她進行愛的轟炸。露娜開始慢慢墜入愛河，但她也承認，信任對她來說永遠是需要努力克服的障礙。

她慢慢地露出微笑說：「終於，過去我的人生就像一盤鹽加檸檬，現在變成像是海鹽焦糖；那些鹹味和苦澀，真的襯托出甜美的滋味。」

我們花了大量篇幅去了解自戀者、學習如何在自戀型關係中生存，很容易忘記我們在逐漸療癒、成長、向前邁進時，人生的其他部分也會隨之展開。自戀型關係可以是一門探索自身潛能的大師課，在在提醒你：你值得為自己奮鬥、你值得被愛、你可以在這段關係之外找到自己、你可以放下老掉牙的童話並重寫自己的生命故事。在自戀型關係中待久了，可能連「你還好嗎？」這個簡單的問題都難以回答，因為自戀者不准你擁有自己的情緒或經驗，這簡直是當頭棒喝。自戀型關係就像永恆的兩難：選擇表達你的真實感受就等著被否定，迎合自戀者時則會因為自己屈服而感到羞愧。在療癒的過程中，最終是要慢慢找回個人自主權，並且不再為此心生罪惡感。

當然，這並不是件容易的事。不去互動、學會放手、減少聯絡、宣稱你「走出來了」都只是表面功夫，真正的關鍵在於你是否願意深入探索自己的內在。要從一段與自戀者的關係中徹底療癒，最終的關鍵在於認知到，你對自己的看法在很大程度上已經遭到對方的視角所扭曲。就好像他們強迫你戴上一副變形的眼鏡，現在你需要學習如何摘下眼鏡，重新看見真正的自己。終身療癒就是一段旅程，從悲傷轉向個體化，邁向更有希望的未來。找到一條穿越痛苦的道路，儘管經歷了一切，仍然在尋求喜悅。只要自戀者還住在你的腦海裡，你大概都不會喜歡自己。所以，你必須把自戀者趕出去，適應自戀者離開你整副身心靈後留下的空白。

行文至今，許多療癒策略都在談論如何「處理」人生中受到自戀者帶來的影響。這些方法是為了讓你做好準備，進而開始更深入的功課：讓那個自戀者不再成為你人生故事的主角。與其糾結於舊有的人生劇本裡，現在是時候以真誠且帶著自我覺察的角度，重新檢視你的生命故事，反省從這段關係中學到的教訓。

在經歷創傷或情感的深層傷害後，我們真的有辦法再成長嗎？答案一言難盡。簡單來說當然可以，許多人也都成功做到。我們可以從挫折和恐懼中成長，包括更懂得感恩、更清楚生活重心、更有同理心和歸屬感、培養新興趣和適應力、增加自信、擁有更有意義的生活故事和信念、更清楚自己的人生目標。[1]雖然創傷後成長這個議題超出本書的討論範圍，研究人員也針對術語和相關定義爭論不休，[2]但我們確實知道，在創傷之後，我們會出現改變，而且不全然是壞事。

這種內在轉變可以加以運用和培養。你可以，也應該在安全的環境展開討論，把這件事攤在陽光下，放下過程中的羞恥感。你要跳脫自戀者的劇本，讓自己有機會成為自己生命故事的主角。重新打造屬於你的生命故事，認清現在要開始故事的第二幕了，內容會反映出你的個人體悟。療癒是要管理負面情緒、相信並感受你的身體（身體不只承受這段關係的痛苦，也蘊含你曾遠離的直覺）。療癒不只是寫出或修改你的生命故事，更要正視那些痛苦、對抗完美主義和負面的自我對話，打造能容納意義、目標和相互理解的空間。

我們天生就有自我療癒的能力，這就是生命的本質。大自然隨處可見療癒與成長的例子：樹木即使被砍掉一根樹枝仍然會繼續成長；海星能再生失去的腳、森林在野火後依舊能茂盛繁榮，所以你也不例外。雖然這段關係讓你的內在支離破碎，但要提醒自己，在最艱難的時刻，活著本身就是療癒。

獅子的故事

在本書開頭，我曾提到應該不要再講述獵人的故事，改為專注於獅子的故事。但我們該如何開始呢？

想要改寫、修正自己的生命故事，就要了解自戀型關係對你的影響。對許多人來說，自戀型關係從小就存在了，我們這輩子的身分認同與整個人都在安撫、迎合、設法討自戀者歡心，甚至只是希望自己被注意到，想被當成有自身需求、渴望和經歷的獨立個體來看待。我們一直活在自戀者投射的羞恥感中，壓抑自己的夢想和目標，因為這些可能會遭到貶低或否定，或是加以調整來討好自戀者，或單純為了避免他們發飆與否定。現在應該要好好思考，假如你不再是自戀者故事中的配角，你會是誰？

即使我們曾試圖反抗，這些反抗行為往往也只是在回應自戀型關係。我們不同的意見、喜好，甚至髮色，可能都是為了擁有一個身分能跟自戀型關係劃清界限，或是渴望被自戀者看到。因此，就連我們拼命想要奪回自主權，往往也只是在抗衡自戀者的壓迫和否定。自戀型關係讓我們學會壓抑自己的需求，我們逐漸相信對方的需求才是我們的需求。

就連感受自己真正的情緒都變得困難重重。想要走出自戀型傷害的陰影，代表我們能清楚地表達自己的需求，而不再跟過去的混亂糾纏不清。舉例來說，我們不要說「我想當媽媽，我要示範給我媽看，因為她根本不會當媽媽，把我害慘了」，而是要連結自己的渴望，無視自戀者的看法與行為，單純說「我想當媽媽。」過去在這段關係中，我們不得不壓抑所有和對方無關的想法；光是能分辨自己的感受並勇敢說出來，就已算是巨大的轉變了。

你開始書寫自己的人生劇本第二幕，就應該要正視那些大哉問：你是誰？你想要什麼？你需要什麼？你的價值觀是什麼？這些問題並不容易，卻是關鍵所在。本書中所有練習、資訊和建議，最終的目的都是協助你勇敢展現真實的自己。現在，應該讓自戀者慢慢淡出你的故事，重新認識自戀型關係以外的自己。

有時，我們以為自己的生活遠離了某些人，但其實他們仍然占據我們內心的「黃金地段」，因為我們依舊反覆糾結這些關係。在露娜的故事裡，她的努力並非出自於追求個人興趣，而是為了證明父親錯了。然而，如果我們的人生只是抗衡自戀者，就代表我們沒有完全切斷連結，而是繼續為他們而活，重現熟悉卻有毒的慣性。真正的反抗不是要活出與他們截然不同的人生，而是活出真正屬於自己的人生，擁有自己的渴望、需求、夢想、錯誤、優點、缺點、希望和感受。

修改你的人生劇本

你過去的人生劇本是由不希望你做自己的人所主導，現在是時候放下舊有的劇本，換上能真正解放並賦予你力量的全新版本。這些過去的信念剛開始時可能會難以改變，就像你聽了一輩子的童話故事，現在要說一個全新的版本，幾乎是不可能的任務。想想看，假如小美人魚游上岸對王子說：「其實我很喜歡我的尾巴耶，如果你願意來海邊玩、好好認識我，歡迎告訴我，否則就謝謝再聯絡囉！」

第一步是找出一直束縛你的舊有扭曲觀點，然後逐一寫下來，可以是簡單的條列，也可以是數頁，甚至上百頁，只要對你有幫助就好。你寫完原來的故事版本後，先擺在一旁，稍作休息。如今你對於自戀型傷害有了更深的理解，以全新眼光來審視這個版本，找出其中的錯誤前提（例如「這都是我的錯」），仔細留意這個故事裡究竟有多少屬於你，多少屬於自戀者。活在自戀型傷害陰影下的人，常常會把自戀者的故事誤以為是自己的故事，所以要先重寫那些部分。舉例來說，「我從小就想當醫生」可能是「我從小就喜歡科學，但是我父親很想要我當醫生。如果我說自己也想要當醫生，在家裡就會過得比較自在，我父母很開心我就讀了醫學院。但現在我發現，真正讓我有熱情的是寫作，所以我在嘗試撰寫醫療人員的心路歷程。」你以更清晰的角度檢視自己的故事後，就會發現故事的結局可以改寫，而你的人生也可以有全新的第二幕。

害怕被拒絕或被拋棄，可能會阻礙追求獨立的自我認同、拿回生命故事的過程。與其說「我好不擅長經營關係喔，都傻傻地待在關係裡太久。」不妨改口說「人際關係對我來說確實有些困難，但我正在學習如何待在關係中，我可以慢下來，對自己和善一點。」展現對自己的同理心來逐一重構你的生命故事，也許會讓整個過程變得更好上手。這需要時間，不必急於一時。

現在也應該重建你對於韌性的認知了。在自戀型關係中，你的感受和情緒往往不被允許，或是被扭曲解讀。在家庭、關係，甚至整個社會結構中，權力較小的人長期以來被灌輸一種觀念：表達情緒是不被容忍或允許的。許多人早已習慣壓抑自己的感受，以為堅強力就是隱忍。在許多文化裡，不表達情緒、壓抑感受被誤認為是韌性。然而，默默忍耐並不是真正的韌性，儘管沉默可能讓周遭的人比較自在。你重寫人生劇本時，要跟當下每種情緒和感受連結，允許自己適時表達不同的感受。你內心真實的感受，才是讓你的劇本充滿生命力的關鍵，因為展現了真實的你。你的劇本不只是表面的故事，而是你曾為了在有害關係中求生存、而壓抑已久的情感。

在檢視你的人生劇本時，記得不要把「個體化」誤解為「你對抗全世界」的特立獨行。經歷過自戀型關係後，與人建立連結可能會有點可怕。但找回不同於自戀者的身分認同，並不代表你必須讓自己成為孤島。人際關係可以很安全，而全新生命故事的一大要件，就是願意敞開心胸，接納健康關係的可能，無論需要多長的時間來實現都沒關係。

最終，修改自己的人生劇本並不是心靈雞湯，而是需要細膩的覺察；這不是單純地從「我不夠好」變成「我很棒」，也不是聲稱「愛自己」就好，而是去拆解「我不夠好」這個謊言的根源，進而認清自己的生命故事其實並非如此。

我諮商過一位女性，她的母親、先生、手足、前老闆，甚至是曾在婚禮上擔任伴娘的前摯友全部都有自戀型人格。

起初，她很抗拒這個練習，覺得這麼多年過去了，沒什麼大不了啊。但她還是願意嘗試看看。藉由檢視過去的劇本，敞開心胸去接受新的劇本，她發現自己其實很擅長因應生活中的變數，並不像別人說的那樣「不講道理」。她有能力協調大型專案，也具備強大的同理心。她也發現，自己其實懂得如何立下界限，不再像以前自認會「任人擺布」，也能勇敢表達自己的需求。過去種種自戀型關係讓她誤以為自己真的很糟，但事實並非如此，只是因為這些謊言被重複太多次，她才會深信不疑。她的改變並不是來自諮商心理師或教練的打氣，而是來自於她自己在生活中的真實體驗。她重新修改自己的人生劇本後，開始用不同的方式與自己對話，也逐漸和母親保持距離，不再讓自己任人擺布。一年後，她自己搬出來，開始在事業上發光發熱。

修改你的人生劇本是一個動態的過程，隨著你對自己的理解而不斷變化。過去自戀型關係的劇本虛偽不實，只有你自己才能寫出屬於你的生命故事，也就是由獅子述說被狩獵的故事。

原諒的陷阱

絕大多數心靈成長書籍、療癒方法，或是宗教經典，都在強調原諒的價值。無論基於《聖經》、社群媒體的心靈導師或聖雄甘地（Gandhi）的看法，我們都認為原諒是高尚的行為。但我卻要說：未必如此。心理學研究確實顯示，在健康的關係中，原諒具有很大的價值，但自戀型關係並不健康，所以這些傳統的原諒觀念並不適用。

根據《韋氏詞典》的定義，原諒是「不再（對加害者）心存怨恨」。如果你真的不再怨恨對方，那當然沒問題，儘管去選擇原諒。社會或自戀者希望看到我們即使內心仍然有怨恨，也要勉強去原諒，但對你而言，並不是真誠自發的過程。以往你原諒了自戀者，最後發生了什麼事？在大部分情況下，自戀者不會把原諒當成禮物，就此改過自新，反而會當成繼續傷害你的通行證。原諒滿足了自戀者的需求，甚至讓自戀者的特權心態變本加厲。到頭來，如果你又被辜負了，還可能會氣自己原諒自戀者的舉動。在自戀型關係中，原諒往往不會在當下就出現。如果真的選擇原諒，通常是在你安全從這段關係抽身後才會考慮。

許多研究顯示，如果你在原諒自戀者後，對方沒有加以補償或營造安全感，那就不是件好事。當感情中有一個人不斷原諒伴侶的惡劣行為，這反而會對原諒之人的心理健康造成負面影響。其他研究也發現，較難相處的伴侶在被原諒後，更有可能再次犯錯，因為他們認為即使再做錯事，對方也不會真的生氣，因此沒有感受到需要改變行為的壓力。這種現象甚至有個名稱，叫作「腳踏墊效應」（the doormat effect），意思是當你選擇原諒一個難以相處、曾傷害過你的伴侶，反而可能會損害你的自尊。大部分針對原諒是美德的討論，並沒有考量自戀型人格與對立型行為。然而，我們把這些一再犯錯和難以相處的特質納入考量時，研究顯示，對你的身心健康來說，「不原諒」可能才是更好的選擇。[3]

我並沒有原諒所有人生中出現的自戀者。我選擇放下、繼續前進、也不再心懷怨恨，但我清楚地知道他們傷害過我，甚至在某些方面改變了我，卻從未負起責任。即使現在我偶爾還會見到他們，但每次見面後心情都會變糟。由於這些關係的影響，我變得更加警惕、更容易害怕，也更難信任他人。

接受自己選擇「不原諒」，反而對我的療癒大有助益，讓我的憤怒慢慢平息。過去，我一直覺得「怨恨」與「原諒」之間有所衝突；如果我宣稱原諒，那就等於讓自己背負沉重的包袱。原諒了他們後，我卻要承受內心的拉扯。這樣看來，原諒無法讓人療癒吧？有人曾對我說：「拉瑪妮，妳已放下他們，展開新生活了，為什麼不原諒呢？」但我認為「不原諒」不是一種負擔，反而覺得是對現況的務實評估。多年來，我一直持續在原諒，或至少以為自己在原諒。我努力用各種角度去理解這一切：他們傷害了我，我愛過他們，我努力要原諒，但他們又再度背叛我，導致我不再信任他人，至今都還害怕他們的批評。想要真正地走出來，並不是只有「原諒」或「放下」這麼簡單，從來都不是如此。

部分的困難也在於，我們以為的「原諒」，其實並不是真正的原諒。「放下」、「走出來」、「不計較自戀者的行為」或是乾脆「忘掉」過去，這些確實有助於解脫，但並不等同於真正的原諒，因為原諒是更為積極的過程。反覆糾結是否要原諒（或不原諒），反而讓我們的內心依舊被困在這段有害的關係中，明明那些人早已不在我們的生活中。真正的平衡是努力處理這段關係帶來的強烈負面情緒，認清所謂「走出來」並不等於「原諒」，而是學會逐漸與糾結的情緒拉開距離。

如果你選擇原諒，那應該是發自內心，而不是為了演給別人看。

有些人可能會說：「原諒自戀者，代表我承認他們的人生有多可悲，這樣我就不會再浪費心力去恨他們。」但我絕對不會把原諒當成所有自戀型傷害倖存者的必經之路。無論選擇原諒與否，我都會支持，兩條路沒有高低對錯之分。不過研究確實顯示，一再原諒屢次傷害我們的人，對自身並沒有好處。療癒、重寫人生劇本、找回自己的聲音等都是個人的選擇，而原諒也是如此。讓我難以置信的是，針對自戀型傷害的論述居然有一大部分都是攸關「原諒加害者」，這真的太荒謬了。如果你選擇不原諒，也許會有人讓你覺得自己缺乏憐憫心，但實際上，你只是正在努力整理這段破碎關係所留下的殘骸。也許你曾聽過，不原諒就無法真正痊癒，但事實並非如此。

真正的療癒，是清楚地看見發生過的事，允許自己去感受那份悲傷與痛苦。這不只是說完就結束的故事，而是需要重複述說，直到你能真正看清，但前提是你要去感受。這段經驗充滿悲傷、遺憾與痛苦。療癒就是慢慢地讓感受自己的痛苦，回想自戀型傷害的經驗，無愧地又溫柔地感受這些情緒。許多人會選擇埋首工作，或是投入各種繁忙活動來逃避自戀型傷害，但這並不是真正的療癒，只是分散自己的注意力。保持忙碌在短期內也許會感到安心，但長期看來，跳過面對痛苦的過程就無法真的變好。我們往往太急著想要療癒、想要擺脫傷痛，卻忽略了「停下來感受」這一步，但這點才是不可或缺。否則，我們會持續與自己的經驗脫節，最終陷入無止盡的糾結，甚至重蹈覆轍。

許多人花了數年，甚至數十年，才從這些關係中抽離，卻依然會責怪自己：「我當初怎麼會這麼笨？為什麼沒有早點看清楚？也許是我不夠努力，這是不是我的錯？說不定是我創造出這個怪物。」原諒自己沒能及時看清，原諒自己曾把縱容當成同理心，原諒自己為他們找藉口。你當時不知道，因為沒有人會教我們這些事，那你又怎麼可能提早明白呢？

自我原諒的本質在於放下：放下自己曾深陷於自戀者的人生劇本。你可能會覺得辜負了自己、辜負了孩子，甚至辜負了同事或部屬。但你只是渴望被父母愛護、珍惜與保護；渴望能愛上一個人，被善意、溫柔又尊重地對待；渴望在職場上獲得公平和基本的尊重；渴望最基本的同理心。然而，換來的卻是扭曲認知、否定、憤怒、輕蔑、冷漠，甚至殘忍對待。這一切都不是你的錯，不要再編出「都是我的錯」這類劇本了。原諒自己，是面對這段悲傷旅程的關鍵一步。

在你梳理自己的人生劇本時，很容易會覺得這個故事應該以原諒當作終點，但你的人生可能會迎來截然不同的結局。

從倖存者到重生者

在經歷過自戀型傷害後，還有可能重生嗎？答案是肯定的！真正的重生，並不是回到過去的自己，這段經驗已深深改變了你。重生的意義在於成為更有智慧、更懂覺察、更加真實的自己。重生，不再是日復一日地在解讀對方的行為、混亂、焦慮和自我懷疑中掙扎；也不只是勉強維持日常生活，處理三餐、完成工作。當你開始真正重生，你就不會做每件事時都在想自戀者會怎麼想，因為他們不再影響你的決定和感受。我與無數的倖存者聊過、諮商過，也聽過許多人的生命故事。他們的重生不見得是那種「我創業了」、「我再婚了」、「我拿到教師證了」的轟轟烈烈。重生往往只是「今天一整天下來，我的腦海裡都沒有浮現他的聲音。」

花點時間，好好看看自己的成長和生命故事。你可能會覺得自己的成長、夢想，甚至來自別人的讚美都太過「誇大」：「唉，我不能聊創業計畫，聽起來太誇大了」、「哎，每次說自己的成長和心路歷程，都感覺好像在炫耀喔。」其實，你是被羞辱了太多年，讓你一直壓抑真實的自己，活在別人強加的劇本裡。你開始自動噤聲或批評自己的抱負過於「誇大」時，提醒自己這並不是謙虛，而是內化了自戀者的聲音。你的夢想和抱負，從來都不會誇大不實。你早就懂得謙虛了，現在應該學著好好生活、茁壯成長，認真地看待自己，不再羞辱自己。

缺乏釋懷的故事要如何結束？

在自戀型關係中，很少會獲得真正的釋懷。你可能會浪費一輩子，等待那個幻想中的時刻：等自戀者說他們明白了、主動負起責任或是付出代價。他們可能永遠看不到你的痛苦和失去的一切。他們可能永遠不會遭到報應或碰到谷底，至少在你面前不會。但即使對方沒有給個交代，你還是需要為你和他們的故事畫下句點。不是每個故事都有完美的結局，療癒和堅持代表即使故事的結局不如你所願，你仍然要繼續前進。釋懷就是你往前走，不再讓他們偷走你的自我認同和人生目標。

促進療癒和復原的活動

以下的練習會幫助你導正扭曲的觀念、支持你的療癒過程、培養獨立自主權來擺脫自戀者、以更正向的角度重新看待自己和成長。你在進行這些練習時，務必慢慢來，好好思考你的經驗，以及你如何從痛苦中學習和轉變。務必要在過程中對自己展現溫柔和善意。

改寫童話

為何童話故事這麼重要？因為它們是成人愛情故事的常見框架（追求、拯救、從此過著幸福快樂的生活）。我們大部分的人都是從小聽著童話長大，這些故事強化了性別角色、懲罰追求個體化、美化自戀型關係，包括愛的轟炸、強迫自戀型關係、原諒、順從、誇大不實和虛假承諾。如果你生長於自戀型家庭，或即使不是自戀型家庭但仍然被這些童話影響，以下的練習會很有幫助。

選一個你小時候聽過的童話，思考故事內容是如何合理化家庭中的傷害模式，或如何強化了你成年後的親密關係或職場關係的模式（我只要努力工作、不必期待有人看見，一群老鼠和神仙教母就會來幫我找到真愛）。再用更實際或平衡的方式重寫這個故事。舉例來說，《紅舞鞋》（*Red Shoes*）的故事原本講述一個不聽話的壞女孩，因為不服從父母而受到懲罰，你可以把故事重新詮釋，讓主角成為愛漂亮又開心的女孩，只是因為想做自己而受到懲罰。當你解開這些童年故事的枷鎖，也許就能翻轉影響你人生劇本的僵化思維。

關注感受，而不是事件

如果你說自己的故事說了太多次，時間久了你可能會與情緒脫節。身為諮商心理師，我認為故事只是諮商中的次要部分，最重要的是案主當時的感受與現在的感受。你從自戀型傷害中療癒、重新打造自己的人生劇本時，務必要留意你在事件中的情緒。我們很容易太過專注於描述事件（我父母做了什麼事、我的婚禮上發生了什麼事、我的伴侶出軌、我的合夥人盜用我的錢），而忽略了感受。單純回顧關係中發生的事，會錯過故事中屬於你的部分：你在事件發生當下時的感受。連結這些感受後，就可以打破反覆糾結的循環、培養明辨的能力，讓你更能活在當下、更懂得對自己溫柔。

統整自我的各個部分

你可能想要完全拋開那個曾深陷自戀型關係中的自己，彷彿對那段人生感到羞恥。你可能會想：「我不想要記得自己曾經是這麼可悲的笨蛋，跟一個騙子在一起」，或是「我不再是以前那個小孩了，不再為了討好自私又愛比較的媽媽而活了」。別急著否定過去的自己，接納那個感到困惑、受傷、被扭曲認知、被貶低卻仍然有勇氣離開的你，或是撐過求學生涯的你，或是熬過痛苦分手的你。如果否定你的過去、故事和自己，可能會讓你一直批評自己、使認同混亂破碎。務必要溫柔看待你所有的面向、接納受傷的部分，正視看似軟弱的特質其實往往是耐心、同理心和力量的展現。走出這些關係後重新整合自我，就要用溫柔、尊重和愛來包容你的整個生命故事。

寫一封信

想要知道自己在療癒旅程中走了多遠、學到了什麼，可以寫一封信，對象可以是還在自戀型關係中的你，告訴當時的你，決定離開後會發生什麼事；也可以是十年後的你，分享你對未來的展望；也可以寫給童年在自戀型家庭中長大的你；也可以寫給要和自戀者結婚的陌生人，或因為有自戀型父母而壓抑自己的人，或因為遇到愛潑冷水的老師或主管而在學校或職場中十分迷惘的人。以這種觀點寫下你的收穫會很有療癒效果，因為這讓你能把經驗轉化成幫助他人的力量，或是讓你能稍微抽離自己。寫完信後，過了數天或數週再回來看。你可能會發現，因為是在跟別人說話或不是直接對自己說，你用了更多自我憐憫、自我寬恕的字句，少了自我責備的語言。現在，把溫柔的語言帶給自己。

把愛傳出去

許多人可能會想：「我想要幫助正在經歷這種情況的人。我想要阻止別人，不要像我一樣浪費生命。」傳承經驗可以改寫你既定的人生劇本，不只能讓你看見自己能帶給別人的禮物，也能讓你從他們的故事中學習。把你在療癒過程中學到的經驗傳承給他人，每個人可能都會以不同的方式獲益。有些人可能會回去讀書，成為諮商心理師或輔導人員，協助其他倖存者；有些人可能成為離婚顧問。你可能投入家暴防治或家事法庭改革。你也可能覺得談論自戀型傷害太過痛苦，想要放下過去，但把你的同理心和慈悲心用在動物福利、社區服務，或是單純地給予那些珍惜和需要的人。

在此提醒：務必不要把傳承經驗代替自我療癒。這只是療癒的一部分，不要因為想要幫助別人，而（再次）耗盡自己的心力。

見證你的「倖存者旅程」

你聽過英雄旅程嗎？這是許多神話和傳記跨越時空文化的共同架構，內容很簡單：一位英雄接受冒險的召喚，但面對重大危機，幾度想要放棄，回到家鄉後宛如新生。在沿途中，英雄穿越未知，認識好心人、導師、同行旅人、各種威脅和生存危機，回來時不只自己改變了，連其他人也跟著受惠。

在這趟旅程中，你就是那個英雄。你跌到谷底，很想放棄自己，但你撐過來了。你在自戀型關係中面對自我被否定和抹滅，而同行旅人可能是朋友、家人、諮商師，甚至是陌生人。隨著你逐漸成長，最深刻也最痛苦的領悟就是有些人無法陪你走到未來，自戀者尤其困難。隨著你療癒和獨立，也會用不同的方式與人相處。這並不代表你要拋下別人或結束關係，而是你在內心打造了自己願意守護的空間。回家就是回到自己內在的家，但這不是你離開時的家，因為現在你能完全擁有這個家。關鍵是要記得，經歷自戀型關係後，你已永遠改變了；痛苦歸痛苦，但部分改變值得欽佩又很深刻。

不妨把你的生命故事拆解成以下問題：

- 什麼動力召喚你踏上療癒之旅？
- 誰陪你走了一段或走完全程？
- 當你想放棄時，發生了什麼事？
- 「回家」對你來說是什麼？

你可能不覺得自己像希臘史詩中的尤里西斯（Ulysses）、印度神話中的阿周那（Arjuna）、《魔戒》中的佛羅多（Frodo），或印度史詩中的悉多（Sita），但這些傳說人物面對的外在威脅時，根本比不上你必須降伏的內在心魔。運用英雄旅程的架構來塑造你的故事，能讓你把療癒過程從「一個人在泥濘中掙扎」，轉變成「一個勇者踏上一段艱難的旅程」。你本來可以選擇維持原狀，離開後不去關注個人成長和療癒，不努力奪回自己的生命故事，永遠不做任何改變。那樣會比較容易，然而那並不是你現在所做的選擇。

療癒就是讓自己脫離自戀者的生命故事，讓自己擺脫自戀者加諸在你身上的劇本和羞恥，打造不受自戀型傷害影響的身份認同，同時理解、感受並遺憾發生在自己身上的事。然後，療癒也是要善待你所有受傷的部分：覺得自己不夠好的部分、覺得自己有瑕疵的部分、覺得不值得被愛的部分、覺得自己只是被虐工具的部分。這些都是你的一部分，不要切除它們，而是接納和愛護它們。你把這些破碎的部分整合到更完整的真實自我時，你就是允許自己不只遠離生命中的自戀者，也能擺脫他們把你當成棋子來利用。

從自戀型傷害中療癒比較像是一個過程，而不是目的。這是個微妙的平衡：你既要脫離自戀者替你準備好的劇本，在自己的生命故事中安身立命，而不再以他們為參考標準。這不是被迫原諒，而是對他們保持距離，甚至不去在乎。但這不代表抽離和無視發生在你身上的事。這是在悲傷、失落和痛苦之中，甚或因為這些感受而產生對自己的溫柔和成長。最終，這些感受可能會轉變成釋然，覺察到雖然他們選擇不對你好，這很傷人，但這不是你的問題，原因出在他們身上。多年來你都把自己當作壞掉的人，如今你帶著悲傷，甚至有些疲憊與憐憫，正視到他們只是把自己的破碎、脆弱和不安全感投射到你身上。有些人可能會對他們感到憐憫和同情，有些人不會，這都沒有對錯。復原過程之所以混亂，是因為不斷嘗試和犯錯。這段旅程的終點是讓真實的自己在私底下和公開場合都能綻放，這會是給自己、愛你的人和整個世界的禮物。

我衷心希望，本書有助你開始處理並釋放自戀型傷害帶來的痛苦，為你開啟一條通往「自己」的道路，發掘你的力量、天賦、智慧和恩典。希望本書也讓你知道，人生還有第二幕、第二集、續集、嶄新的一頁等待你寫上，在療癒之後有更喜悅的人生。你在經歷多年或一輩子的認知扭曲、被情緒勒索、被否定、被貶低、被指責不夠好或有問題或沒有權利有感受，一直在想「到底是什麼？我做錯了什麼？我該怎麼做才好？我怎樣才能變得更好？」，如今你終於徹底明白……

這不是你的問題。

結語

永遠有機會為自己重新選擇

在我十年的研究所課程、實習訓練、見習和進修期間，儘管接受了優秀的教育，卻從未有人教過我「自戀型人格」或「對立型人格」這些詞。時至今日，二十五年過去了，我依然對於社會上對這個議題的抗拒百思不得其解，為何我們無法好好討論自戀型關係對人造成的傷害，以及如何幫助受害者。諮商心理師和研究人員還在爭論用詞的定義、討論是否應該談論自戀行為的危害，甚至內涵究竟為何時，無數人正在經歷痛苦的煎熬。我曾在各大研討會上發表演說，而隔壁會場的講者卻認為不能把造成情感傷害的關係稱作「有毒」。每次想到因為自戀型關係而內化羞辱與責備、被壓抑並噤聲了一輩子的案主，我就不寒而慄，多少人的潛能就這樣被葬送了！這是跨世代的循環，而自戀行為卻早已被這個社會所鼓勵和獎勵。如今，我們正在努力為經歷過自戀型傷害的受害者開發測量工具和介入方法，但這就像在半空中建造一架飛機。我希望我們能成功抵達終點，但大部分時候，我都覺得自己像個異端。

想要真正理解自戀型傷害，就必須解構傳統心理學的架構，挑戰那些未能考慮階級、差異、特權，以及傳統主義所帶來傷害的過時理論和模型。我親眼見證了無數倖存者在這條鋼索上艱難行走，而我自己也曾努力維持平衡。我們親身明白療癒絕對可能，儘管過程混亂又辛苦。我們所有人的故事在在提醒著我，不僅要記住自戀型傷害的殘酷，更要記住相信改變的勇氣，因為永遠都還有機會為自己再做一次選擇。

記住，這個世界需要你，完整的你、真實的你、獨一無二的你。所以，別再退縮了。這次，勇敢地穿上那件紫色洋裝吧！

謝辭

這本書的誕生，是我曾經不敢想像的事。但經歷了一連串幾乎奇蹟般的巧合，它最終還是來到這個世界。在寫作這本書的過程中，我得到了無數的支持，這本書不僅是一本指引倖存者的指南，更是一個見證：見證了社群的力量如何讓療癒成為可能。

首先，謝謝那些有幸與我諮商的無數案主。你們願意分享自己的故事、探索並面對內心的痛苦，也讓我能夠參與你們的自我發現之旅。還有每天、每週、每月參與我們自戀型傷害倖存者療癒計畫的夥伴們；你們勇敢地提問、分享經驗、彼此支持，在療癒和追求自我認同的旅途中，無論是大跨步還是小進展，你們都在提醒我：一切都會變得更好。謝謝你們的力量，謝謝你們每天都選擇繼續努力，即使有時會再次心碎。

謝謝 Kelly Ebeling 和 Irene Hernandez，你們是寫書過程的命脈。沒有你們，這一切都無法成真。你們的創意、堅持、靈活，以及在我最艱難的日子裡不離不棄，才讓這本書得以完成。Zaide，很高興你加入我們這支小而堅毅的團隊。這二十二年因為你們而變得值得。

謝謝 Penguin 出版社的 Nina Rodriguez-Marty、Meg Leder、

Brian Tart 和 Margaux Weisman，謝謝你們對這本書的信任。特別是 Nina，謝謝妳耐心、溫和又堅定地引導我，不斷完善這本書，讓書中的理念和我的聲音更加堅定。謝謝 Lara Asher 在初稿時期的編輯指導，謝謝 Rachel Sussman 負責經紀事務，多虧妳的堅持讓這本書順利問世。謝謝 Maria Shriver 相信這本書，並納入 The Open Field 叢書出版計畫。Penguin 和 Penguin Life 團隊中所有負責銷售、行銷、編輯的夥伴們，我滿懷感激。

謝謝我的朋友們，尤其是 Ellen Rakieten。假如沒有我們夜夜的深度對話，我無法將這本書挖掘得如此透徹。謝謝妳成為我的「教練」和同行者，陪伴我度過最艱難的寫作時光與人生時刻。謝謝 Jill Davenport，我的啦啦隊長，從十三歲開始就一路陪伴。謝謝 Mona Baird，我無法想像如果沒有妳，我如何度過 2021 年最後幾個月。謝謝所有朋友的簡訊與關心，以及當我因忙於寫作而取消聚會時的體諒與包容。

謝謝出版業的同仁與朋友們：Catherine Barrett、Tina Swithin、Ingrid Clayton、Heather Harris、Lisa Bilyeu、David Kessler、Jay Shetty、Matthew Hussey，以及 APA、MedCircle、Psychotherapy Networker 和 PESI 夥伴們的支持與鼓勵，即使在我信念動搖時也給了我前行的力量。謝謝 Pamela Harmell，妳讓我有勇氣剪斷創傷的枷鎖。謝謝 Mari 提出防火牆的概念。謝謝 Nelia 的勇氣與深刻洞察力，讓本書能更順利地分享給世界。

謝謝所有參與 Navigating Narcissism 節目的來賓，謝謝你們願意在公共場合分享自己的故事。你們的智慧幫助我重新思考了本書中的許多主題，謝謝你們對我的信任。

謝謝理查，你一直給我時間和空間去工作，謝謝你相信我、理解我、愛我，並真正看見我。

謝謝我的姊姊帕德瑪，謝謝妳總是耐心地聽我說些無關緊要的事，幫我填補過往的記憶空白，帶給我歡笑，並為我樹立堅強的典範。謝謝外甥泰納讓我看到人性的美好。

謝謝爸爸，我走到了這裡，也許這樣就夠了。

謝謝我最愛的貓咪魯娜，希望毛茸茸的你知道，我曾無數次向你傾訴我的想法，絕對超乎你的想像。

謝謝我的女兒瑪雅和香緹。你們又一次包容了在書本與章節之間抽空陪你們吃飯的母親。你們永遠是我的心之所向，請從事妳們熱愛的事，記得妳們永遠有一個溫暖的避風港。

謝謝我親愛的母親薩依，能有妳的陪伴，見證妳每天愈來愈健康，對我來說就是個奇蹟。這本書，是我對妳的致敬。

最後，獻給我的摯友艾蜜麗，她在 2022 年離開了這個世界。她在我尚未相信自己之前，就相信我了。幸虧有她的愛與鼓勵，我在多年前才能鼓起勇氣向世界發聲。我永遠都會感激她曾在我生命中綻放的光芒，也會感激她留給這個世界的溫暖與愛。

即使我們失去了生命中的天使，光與善依然長存。

注釋

第 1 章

① Z. Krizan and A. D. Herlache, "The Narcissism Spectrum Model: A Synthetic View of Narcissistic Personality," *Personality and Social Psychology Review* 22, no. 1 (2018), 3-31.

② Jochen E. Gebauer et al., "Communal Narcissism," *Journal of Personality and Social Psy chology* 103, no. 5 (August 2012), 854–78.

③ Delroy L. Paulhus and Kevin M. Williams, "The Dark Triad of Personality: Narcissism, Machiavellianism and Psychopathy," *Journal of Research in Personality* 36, no. 6 (December 2002), 556–63; Janko Meedovic and Boban Petrovic, "The Dark Tetrad: Structural Properties and Location in the Personality Space," *Journal of Individual Dierences* 36, no. 4 (November 2015), 228–36.

④ Emily Grijalva et al., "Gender Differences in Narcissism: A Meta-Analytic Review," *Psychological Bulletin* 141, no. 2 (March 2015), 261.

⑤ Sanne M. A. Lamers et al., "Differential Relationships in the Association of the Big Five Personality Traits with Positive Mental Health and Psychopathology," *Journal of Research in Personality* 46, no. 5 (October 2012), 517–24; Renée M. Tobin and William G. Graziano, "Agreeableness," in *The Wiley Encyclopedia of Personality and Individual Dierences: Models and eories*, ed. Bernardo J. Carducci and Christopher S. Nave (Hoboken, NJ: John Wiley & Sons, 2020), 105–10.

⑥ E. Jayawickreme et al., "Post-traumatic Growth as Positive Personality Change: Challenges, Opportunities, and Recommendations," *Journal of Personality* 89, no. 1 (2021), 145–65.

⑦ Christian Jacob et al., "Internalizing and Externalizing Behavior in Adult ADHD," *Attention Decit and Hyperactivity Disorders* 6, no. 2 (June 2014), 101–10.

⑧ Elsa Ronnongstam, "Pathological Narcissism and Narcissistic Personality Disorder in Axis I Disorders," *Harvard Review of Psychiatry* 3, no. 6 (September 1995), 326–40.

⑨ David Kealy, Michelle Tsai, and John S. Ogrodniczuk, "Depressive Tendencies and Pathological Narcissism among Psychiatric Outpatients," *Psychiatry Research* 196, no. 1 (March 2012), 157–59.

⑩ Paolo Schiavone et al., "Comorbidity of DSM-IV Personality Disorders in Unipolar and Bipolar Affective Disorders: A Comparative Study," *Psychological Reports* 95, no. 1 (September 2004), 121–28.

⑪ Emil F. Coccaro and Michael S. McCloskey, "Phenomenology of Impulsive Aggression and Intermittent Explosive Disorder," in *Intermittent Explosive*

Disorder: Etiology, Assessment, and Treatment (London: Academic Press, 2019), 37–65.

⑫ Paul Wink, "Two Faces of Narcissism," *Journal of Personality and Social Psychology* 61, no. 4 (Ocober 1991), 590–97.

⑬ Schiavone et al., "Comorbidity of DSM-IV Personality Disorders in Unipolar and Bipolar Affective Disorders."

⑭ Kealy, Tsai, and Ogrodniczuk, "Depressive Tendencies and Pathological Narcissism among Psychiatric Outpatients."

⑮ Jacob et al., "Internalizing and Externalizing Behavior in Adult ADHD."

⑯ José Salazar-Fraile, Carmen Ripoll-Alanded, and Julio Bobes, "Narcisismo Manifiesto, Narcisismo Encubierto y Trastornos de Personalidad en una Unidad de Conductas Adictivas: Validez Predictiva de Respuesta a Tratamiento," *Adicciones* 22, no. 2 (2010), 107–12.

⑰ Tracie O. Afifi et al., "Childhood Adversity and Personality Disorders: Results from a Nationally Representative Population-Based Study," *Journal of Psychiatric Research* 45, no. 6 (December 2010), 814–22.

第2章

① Evan Stark, "The Dangers of Dangerousness Assessment," *Family & Intimate Partner Violence Quarterly* 6, no. 2 (2013), 13–22.

② Andrew D. Spear, "Epistemic Dimensions of Gaslighting: Peer-Disagreement, Self-Trust, and Epistemic Injustice," *Inquiry* 66, no. 1 (April 2019), 68–91; Kate Abramson, "Turning Up the Lights on Gaslighting," *Philosophical Perspectives* 28 (2014), 1–30.

③ Jennifer J. Freyd, "Violations of Power, Adaptive Blindness and Betrayal Trauma Theory," *Feminism & Psychology* 7, no. 1 (1997), 22–32.

④ Heinz Kohut, "Thoughts on Narcissism and Narcissistic Rage," *Psychoanalytic Study of the Child* 27, no. 1 (1972), 360–400; Zlatan Krizan and Omesh Johar, "Narcissistic Rage Revisited," *Journal of Personality and Social Psychology* 108, no. 5 (2015), 784.

⑤ Chelsea E. Sleep, Donald R. Lynam, and Joshua D. Miller, "Understanding Individuals' Desire for Change, Perceptions of Impairment, Benefits, and Barriers of Change for Pathological Personality Traits," *Personality Disorders: Theory, Research, and Treatment* 13, no. 3 (2022), 245.

⑥ Heidi Sivers, Jonathan Scooler, and Jennifer J. Freyd, *Recovered Memories* (New York: Academic Press, 2002).

⑦ Matthew Hussey, *Get the Guy: Learn Secrets of the Male Mind to Find the Man You Want and the Love You Deserve* (New York: HarperWave, 2014).

⑧ Patrick Carnes, "Trauma Bonds," Healing Tree, 1997.

第3章

① Jennifer J. Freyd, *Betrayal Trauma: The Logic of Forgetting Childhood Abuse* (Cambridge, MA: Harvard University Press, 1996); Jennifer J. Freyd, "Blind to Betrayal: New Perspectives on Memory," *Harvard Mental Health Letter* 15, no. 12 (1999), 4–6.

② Jennifer J. Freyd and Pamela Birrell, *Blind to Betrayal: Why We Fool Ourselves We Aren't Being Fooled* (Hoboken, NJ: John Wiley & Sons, 2013).

③ Janja Lalich and Madeline Tobias, *Take Back Your Life: Recovering from Cults and Abusive Relationships* (Richmond, CA: Bay Tree Publishing, 2006).

④ Daniel Shaw, "The Relational System of the Traumatizing Narcissist," *International Journal of Cultic Studies* 5 (2014), 4–11.

⑤ Shaw, "The Relational System of the Traumatizing Narcissist."

⑥ 988 Suicide and Crisis Lifeline: 988lifeline.org; dial 988 or 1-800-273-8255.

⑦ Bessel van der Kolk, *The Body Keeps the Score: Brain, Mind, and Body in the Healing of Trauma* (New York: Viking, 2014).

第4章

① Daniel Shaw, "The Relational System of the Traumatizing Narcissist," *International Journal of Cultic Studies* 5 (2014), 4–1.

② Andreas Maercker et al., "Proposals for Mental Disorders Specifically Associated with Stress in the International Classification of Diseases-11," *Lancet* 381, no. 9878 (2013), 1683–85.

③ Jennifer J. Freyd, *Betrayal Trauma: The Logic of Forgetting Childhood Abuse* (Cambridge, MA: Harvard University Press, 1996).

第5章

① Judith Herman, *Trauma and Recovery* (New York: Basic Books, 1992), 290.

第6章

① Pauline Boss and Janet R. Yeats, "Ambiguous Loss: A Complicated Type of Grief When Loved Ones Disappear," *Bereavement Care* 33, no. 2 (2014), 63–69.

② Kenneth J. Doka, *Disenfranchised Grief* (Lexington, MA: Lexington Books, 1989).

③ Michael Linden, "Embitterment in Cultural Contexts," in *Cultural Variations in Psychopathology: From Research to Practice*, ed. Sven Barnow and Nazli Balkir (Newburyport, MA: Hogrefe Publishing, 2013), 184–97.

第 7 章

① Jay Earley and Bonnie Weiss, *Self-Therapy for Your Inner Critic: Transforming Self-Criticism into Self-Confidence* (Larkspur, CA: Pattern Systems Books, 2010).

② Kozlowska et al., "Fear and the Defense Cascade: Clinical Implications and Management," *Harvard Review of Psychiatry* 23, no. 4 (2015), 263-87, DOI: 10.1097/HRP.0000000000000065.

③ Pete Walker, "Codependency, Trauma and the Fawn Response," *The East Bay Therapist*, January–February 2003.

④ Jancee Dunn, "When Someone You Love Is Upset, Ask is One Question," *New York Times*, April 7, 2023.

第 8 章

① Sendhil Mullainathan and Eldar Shafir, *Scarcity: Why Having Too Little Means So Much* (New York: Times Books, 2013).

② Tina Swithin, One Mom's Battle, www.onemomsbattle.com.

第 9 章

① Richard G. Tedeschi and Lawrence G. Calhoun, "The Posttraumatic Growth Inventory: Measuring the Positive Legacy of Trauma," *Journal of Traumatic Stress* 9, no. 3 (1996), 455–72.

② Eranda Jayawickreme et al., "Post-Traumatic Growth as Positive Personality Change: Challenges, Opportunities, and Recommendations," *Journal of Personality* 89, no. 1 (February 2021), 145–65.

③ James K. McNulty and V. Michelle Russell, "Forgive and Forget, or Forgive and Regret? Whether Forgiveness Leads to Less or More Offending Depends on Offender Agreeableness," *Personality and Social Psychology Bulletin* 42, no. 5 (2016), 616–31; Frank D. Fincham and Steven R. H. Beach, "Forgiveness in Marriage: Implications for Psychological Aggression and Constructive Communication," *Personal Relationships* 9, no. 3 (2002), 239–51; Laura B. Luchies et al., "The Doormat Effect: When Forgiving Erodes Self-Respect and Self-Concept Clarity," *Journal of Personality and Social Psychology* 98, no. 5 (2010), 734–49; James K. McNulty, "Forgiveness in Marriage: Putting the Benefits into Context," *Journal of Family Psychology* 22, no. 1 (2008), 171–75, doi: 10.1037/0893-3200.22.1.171.

國家圖書館出版品預行編目（CIP）資料

毒性關係．斷捨離：心理學權威教你辨識自戀型人格，擺脫自責，遠離情緒勒索，打破傷害循環，重拾內在安定 / 拉瑪妮．杜瓦蘇拉（Ramani Durvasula）著，林步昇譯 . -- 第一版 . -- 臺北市：天下雜誌 , 2025.05

面；　公分 . --（心靈成長 ; 117）

譯自：It's not you: identifying and healing from narcissistic people.

ISBN　978-626-7468-94-4（平裝）

1. CST: 自戀　　2.CST: 人格心理學

173.741　　114003725

心靈成長 117

毒性關係·斷捨離

心理學權威教你辨識自戀型人格，擺脫自責，遠離情緒勒索，打破傷害循環，重拾內在安定

IT'S NOT YOU: Identifying and Healing from Narcissistic People

作　　者／拉瑪妮·杜瓦蘇拉 Ramani Durvasula
譯　　者／林步昇
封面設計／葉馥儀
內頁排版／林婕瀅
責任編輯／鍾旻錦

天下雜誌群創辦人／殷允芃
天下雜誌董事長／吳迎春
出版部總編輯／吳韻儀
出 版 者／天下雜誌股份有限公司
地　　址／台北市 104 南京東路二段 139 號 11 樓
讀者服務／（02）2662-0332　傳真／（02）2662-6048
天下雜誌 GROUP 網址／ http://www.cw.com.tw
劃撥帳號／ 01895001 天下雜誌股份有限公司
法律顧問／台英國際商務法律事務所·羅明通律師
製版印刷／中原造像股份有限公司
總 經 銷／大和圖書有限公司　電話／（02）8990-2588
出版日期／ 2025 年 5 月 5 日第一版第一次印行
定　　價／ 420 元

書號：BCCG0117P
ISBN：978-626-7468-94-4（平裝）

直營門市書香花園　台北市建國北路二段 6 巷 11 號　（02）25061635
天下網路書店 shop.cwbook.com.tw
天下雜誌出版部落格——我讀網 books.cw.com.tw/
天下讀者俱樂部 Facebook www.facebook.com/cwbookclub